竞技羽毛球科学训练及其后备人才培养研究

郭 澄　许 冕 ○著

全国百佳图书出版单位

吉林出版集团股份有限公司

图书在版编目（CIP）数据

竞技羽毛球科学训练及其后备人才培养研究 / 郭澄，许冕著 . -- 长春 : 吉林出版集团股份有限公司 , 2022.11
（2023.9重印）
ISBN 978-7-5731-2728-0

Ⅰ . ①竞…　Ⅱ . ①郭…　②许…　Ⅲ . ①羽毛球运动—运动训练—研究　②羽毛球运动—人才培养—研究　Ⅳ .
① G847.2

中国版本图书馆 CIP 数据核字 (2022) 第 209454 号

JINGJI YUMAOQIU KEXUE XUNLIAN JI QI HOUBEI RENCAI PEIYANG YANJIU
竞技羽毛球科学训练及其后备人才培养研究

著：郭　澄　许　冕
责任编辑：王晓舟
封面设计：冯冯翼
开　　本：787mm×1092mm　1/16
字　　数：200千字
印　　张：10.5
版　　次：2022 年 11 月第 1 版
印　　次：2023 年 9 月第 2 次印刷

出　　版：吉林出版集团股份有限公司
发　　行：吉林出版集团外语教育有限公司
地　　址：长春市福祉大路 5788 号龙腾国际大厦 B 座 7 层
电　　话：总编办：0431- 81629929
印　　刷：涿州汇美亿浓印刷有限公司

ISBN 978-7-5731-2728-0　　定　　价：58.00 元

前　言

羽毛球是中国竞技体育的传统优势项目，中国羽毛球队在国际大赛上取得的进步与优异成绩和科学训练、自主创新等密不可分。我国羽毛球训练理论与方法从无到有，从单一到多元，在训练理念、打法风格、制胜规律、竞技能力协调等诸多方面形成了中国特色，并在实践中得到检验，取得了优异成绩。中国竞技羽毛球要在激烈的国际竞争中继续保持优势，巩固在国际羽坛的地位，就必须继续坚持科学训练和改革创新，不断完善训练理论，创新训练方法，提高训练水平，进而提高运动成绩。但目前我国竞技羽毛球的发展面临一个严重的现实问题，那就是羽毛球运动员人才青黄不接，领军人物的背后无人接班，高水平羽毛球人才严重缺乏，这使我国竞技羽毛球的发展面临着非常严峻的考验。需要强调的是，一国竞技体育的持续发展能力一定程度上取决于竞技体育后备人才的数量和质量。因此，我国竞技羽毛球要想持续发展，必须在后备人才的培养上下功夫，将优秀后备人才的充分补给作为发展的基础后盾。基于上述分析，作者在查阅大量相关著作文献的基础上，精心撰写本书，对我国竞技羽毛球的科学训练及其后备人才培养展开科学研究。

本书共有 8 章内容。第一章阐述竞技羽毛球的基本理论与发展现状，对羽毛球运动的竞技性及其在我国的发展情况有基本的了解。第二章分析竞技羽毛球科学训练理论。羽毛球训练要有科学理论的指导，如此才能提高训练实践的科学性与有效性。第三章对竞技羽毛球训练的监控与保障进行研究，严格监控、加强管理以及足够的医务保障是提高羽毛球训练效果的必然要求。第四章和第五章重点对竞技羽毛球技术训练和战术训练的内容、方法及创新展开研究，从而为提升羽毛球运动员的核心技能水平提供科学指导。第六章着重研究竞技羽毛球体能训练，包括力量、速度、耐力、柔韧以及灵敏五大基本运动素质的专项训练方法，良好的体能储备是羽毛球运动员在赛场上发挥技战术和取得胜利的基本前提，因此必须加强全面训练。第七章主要对竞技羽毛球后备人才培养的理论与现状进行阐述与分析，以了解我国羽毛球后备力量的培养情况，为探索羽毛球后备人才培养路径提供现实依据。第八章侧重于研究我国竞技羽毛球后备人才培养的未来之路，包括可持续发展路径、科学运行机制以及先进经验借鉴。

总体而言，本书具有以下几个特征。

第一，系统性。本书首先分析竞技羽毛球的基本理论，其次对竞技羽毛球训练理论、训练实践展开研究，最后探讨竞技羽毛球后备人才培养的理论与路径。结构完整，内容丰富，层次清晰，具有较强的系统性。

第二，实用性。本书从实用出发，详细研究篮球训练方法，包括技术训练方法、战术训练方法及体能训练方法，旨在为羽毛球教练员、运动员科学训练及提高训练成果提供有效指导，具有重要的现实意义。

第三，创新性。羽毛球训练是一个长期而系统的过程，只有不断创新才能持续进步，因而本书在羽毛球训练实践的研究中分别进行了关于羽毛球技术创新训练、战术创新训练及体能创新训练的探索，对提升羽毛球运动员的专项体能素质及技战术能力具有重要意义。此外，本书在竞技羽毛球后备人才培养的研究中提出构建多元化的人才培养运行机制，从而为顺利开展人才培养工作及提高人才培养质量提供全面保障，这也是本书的一个创新之处。

总之，本书对竞技羽毛球训练及羽毛球后备人才培养展开系统研究，重点构建羽毛球训练的理论体系、方法体系，探索竞技羽毛球后备人才培养的科学路径。希望本书能够为提高我国羽毛球运动的训练水平和提升羽毛球优秀后备人才的培养质量做出贡献。

本书在撰写过程中参考并借鉴了很多专家、学者的研究成果，在此表示诚挚的感谢。由于作者水平有限，书中难免有不妥与疏漏之处，敬请广大读者批判指正。

作　者
2021 年 10 月

目　录

第一章　竞技羽毛球的基本理论

羽毛球是一项全世界广泛开展的球类运动，具有突出的健身性、竞技性和娱乐性。随着羽毛球运动在全世界的全面普及与快速发展，现代羽毛球运动的专业化、职业化、商业化等发展趋势越来越鲜明，竞技羽毛球发展水平越来越高，而中国竞技羽毛球也充分彰显了自己的传统优势，在国际羽坛保持稳固地位。本章主要对竞技羽毛球运动的基本理论展开研究，主要内容包括羽毛球基础知识、羽毛球运动的竞技特征与比赛特征、世界羽毛球重大赛事以及羽毛球竞赛规则。

第一节　羽毛球基础知识

一、羽毛球运动的起源及其在中国的发展

（一）羽毛球运动的起源

羽毛球是典型的小球运动，在室内和室外都可以开展。两人或四人进行羽毛球运动，一方各一人或两人，用一张网隔在中间，双方用球拍向对方场地击球，来回击球过网，在尽力接球的同时想方设法让对方回球失误，为本方创造得分机会。羽毛球运动的雏形最早出现于19世纪中叶，起源地为印度浦那，当时有一种和羽毛球运动很相似的游戏在印度浦那较为普及，游戏使用的器材是插着羽毛的圆形硬纸板或绒线球、木拍，游戏者用木拍往返击球，使球在空中来回运动。早期英国驻印度军队中经常开展这项游戏活动。也有史料记载，中国古代的板羽球游戏和羽毛球运动比较类似。

现代羽毛球运动的起源时间为19世纪60年代初期。当时英国伯明顿镇有一位公爵名叫鲍费特，他邀请人们来自己的庄园参加室外游艺活动，但由于天气恶劣，只能在室内活动。有几位英国驻印度退役军人也在应邀之列，这几位来宾提议人们一起来做当时印度浦那流行的类似羽毛球的游戏，人们纷纷赞同，于是将一根用来代替球网的绳子放在中间，每局参加

者为两人，有分数要求，大家玩得不亦乐乎。在这之后，这项集健身、休闲娱乐、高雅于一体的活动在英国迅速流传。英国伯明顿也成为现代羽毛球运动的诞生地，为了纪念这个诞生地，羽毛球的英文名被确定为伯明顿（Badminton），在全世界广为流传。

作为游戏的羽毛球运动刚开始对人数、场地、分数没有明确的要求与限制，参与者隔绳来回对击即可。现代羽毛球从英国伯明顿传播之后，对参与人数、场地以及分数都有了一定的限制。1875 年，羽毛球雏形的产生地——印度浦那出现了世界上第一本写有羽毛球规则的书，同年，英国成立了世界上第一个军人羽毛球俱乐部。随着羽毛球规则的不断统一和完善，较为权威的羽毛球比赛规则在 1878 年由英国制定。但当时规则内容相对简单，对场地规格作了简单的规定，并采用沙漏作为计时器。截至 1893 年，英国羽毛球俱乐部已经建立了 14 个，这些俱乐部派代表出席关于成立英国羽毛球协会的会议，经全体同意，英国羽毛球协会在 1893 年正式成立。这一组织积极推动了英国羽毛球运动的开展、传播和提高。

（二）中国羽毛球运动的发展简述

现代羽毛球运动传入中国大约是在 1910 年，而在我国迅速普及与发展是在 1949 年后。中国羽毛球发展迅速，从 20 世纪 70 年代开始，中国羽毛球队成为世界强队，在世界羽坛占据一席之地。

1910 年，现代羽毛球运动在我国上海最早出现和传播，之后在北京、天津、广州、成都等城市也相继出现，主要流行于学校和基督教青年会。中华人民共和国成立后，大众的健康受到党和政府的关心，体育促进健康的功能得到重视，从而为羽毛球运动的快速发展提供了契机。1954 年前后，一些海外留学生及不同行业的人才回国报效国家，并将国外丰富而先进的羽毛球技术带回国，我国逐渐组建了羽毛球运动队。由于当时世界羽联并不承认我国在这个组织中的合法席位，因此我国羽毛球队没有参加世界羽毛球锦标赛的资格与机会。但当时羽毛球运动是我国对外交往的一个体育社交手段，在世界交往中我国羽毛球队与世界强队展开较量，成绩十分瞩目。一些国外媒体将中国羽毛球誉为"冠军之冠军""无冕之王"。直至 1981 年 5 月，我国在国际羽联的合法席位得到恢复，中国羽毛球队获得参加世界羽毛球锦标赛的资格，实现了角逐世界羽坛、争夺世界冠军以及为祖国争取荣誉的愿望。

1981 年 7 月，我国羽毛球队参加第一届世界运动会，在男子单打、双打，女子单打、双打四个比赛项目中均获得了冠军。1982 年，我国的羽毛球运动员首次在全英羽毛球竞赛中亮相，首次参赛就夺得了男子单打，女子单、双打三个项目的冠军。同年，中国羽毛球队第一次出现在"汤姆斯杯"赛中，首次参赛就一举摘冠。1996 年，中国羽毛球队在亚特兰大奥运会上获得了女子双打项目的金牌，改写了奥运会上中国羽毛球项目奖牌零的历史。进入 21 世纪后，中国依然保持着羽毛球强国的地位，在最近的 2020 东京奥运会上，中国羽毛球队取得了 2 金 4 银的优异成绩，其中有 5 块奖牌由首次参加奥运会的年轻运动员获得。

二、羽毛球运动的特点

（一）力量快速爆发

从羽毛球运动员在比赛中身体运动的方式来看，运动员的大量动作都是上下肢协调运动完成的。在上肢运动方式中，手臂肌肉参与击球动作需要很强的爆发力，只有快速爆发力量才能使用球拍将羽毛球击入对方场地。在下肢运动方式中，运动员快速移动既要求有良好的速度素质，也要求有良好的下肢肌肉力量，而且下肢肌肉的爆发力是速度的基础，只有下肢快速爆发力量，及时移动到位，才能迅速在合理位置击球，达到上下肢动作的协调统一。所以，对羽毛球运动员而言，力量素质与速度素质是有机结合、密不可分的。

羽毛球运动员应该具备良好的速度力量，充分发挥该力量的动力性，如此才能在短时间内产生瞬间的爆发力，这种爆发力量非常强大，是完成上下肢动作必不可少的重要身体素质。

羽毛球运动员上肢的爆发力主要以腕部与手指的力量为主，从而有力地击球，而下肢的爆发力主要在双脚的起动蹬力上体现出来，有助于使身体快速移动到合理的位置而协调完成上肢击球动作。

（二）不确定性

羽毛球运动员在击球时的单一移动步法、击球手法是遵循一定规律而完成的，但因为羽毛球运动的击球动作有很多不确定性因素，如来球方向可能在左也可能在右，来球角度可能大也可能小，来球距离可能长也可能短，来球力量有强弱之分，等等，这些不确定因素导致运动员对来球的落点很难准确判断，所以需要采用各种击球技术来应对，可见羽毛球击球的模式并不是固定的，而是在动态变化下完成各项技战术动作的。而且，面对来球，运动员在判断和分析的基础上可以采取不同的几种击球方式来应对，如果对方击球风格多变，球路变化多，那么本方也必须灵活应对。

羽毛球运动充满不确定因素，球路多变，击球方式多样，因此优秀的羽毛球运动员必须具备良好的身体素质和技术能力，从而在球场上全方位出击。羽毛球运动的不确定性是羽毛球运动员在赛场上运用多种不同步法和不同击球方式进行比赛的主要原因之一，如为了快速移动到来球方向，常常采用交叉步、跨步、垫步、蹬跳步、蹬跨步等各种步法，为了顺利击球，要在不同场区灵活采用多种不同的击球方法，从而成功向对方场区击球或使对方击球失误。

总之，羽毛球运动的多变性决定了技术的多变性，而多变技术的成功实施是以良好的速度力量、速度耐力及灵敏性为基础的。

（三）比赛时间较长

羽毛球运动员必须具备良好的耐力素质，因为要做好长时间持续运动的准备，为长时间持续运动（不断移动击球）奠定好身体基础。长时间运动是由羽毛球的竞赛方式所决定的。羽毛球赛制主要是三局两胜，每一局都没有时间要求与限制，哪一方先得到规定分数则获得该局的胜利。在羽毛球比赛中，如果双方竞技能力相近，那么常常出现久攻不下的局面，有时候一个球的得分要来回击球一百余次才能获得，运动员要付出很大的努力才能获得每一分，一场比赛下来需要一两个小时，比赛打得很辛苦，双方都要消耗巨大的体能，对运动员的体能和心理素质都是巨大的考验。

羽毛球比赛时间长对运动员的耐力素质提出了很高的要求，但这种耐力不同于长跑运动员的耐力，长跑运动员的耐力是周期性的运动耐力，而羽毛球运动员的耐力是专项速度耐力，是与羽毛球的专项特征相符的专门化耐力。长跑运动员有很强的耐久力，但如果让长跑运动员去参加羽毛球比赛，那么其很快就会感到疲劳，疲劳出现的时间比羽毛球运动员要早，原因是长跑运动员从事的长跑项目是周期性运动，是持续的有规律的，而羽毛球运动是不断变化的，所以羽毛球运动员必须要有专门性的速度耐力，这是将速度、耐力、敏捷度紧密结合起来的综合能力。

三、羽毛球运动场地与器材

（一）羽毛球运动场地

1.球场

（1）羽毛球球场是一个长方形，如图 1-1 所示。根据图中所示尺寸，用宽 40 毫米的线画出。

（2）场地线的颜色是白色、黄色或其他容易辨别的颜色。

（3）在单打发球区边线内沿（距离端线 530 毫米和 990 毫米处）画

测试正常球速区域的 4 个 40 毫米 × 40 毫米的标记。这些标记的宽度均包括在所画的尺寸内，即距端线外沿 530 毫米至 570 毫米和 950 毫米至 990 毫米。

（4）所有场地线都是它所确定区域的组成部分。

（5）如果面积不够画出双打球场，可画一单打球场，端线亦为后发球线，网柱或代表网柱的条状物应放置在边线上。

2. 网柱

（1）网柱在双打的边线上，从球场地面起高 1.55 米，垂直地面，使球网保持紧拉状态。

（2）如不能设置网柱，必须采用其他办法标出边线通过网下的位置，如使用细柱或 40 毫米宽的条状物固定在边线上，垂直向上到网顶绳索处。

需要注意的是，在双打球场上，不论进行双打还是单打比赛，网柱或代表网柱的条状物均应置于双打边线上。

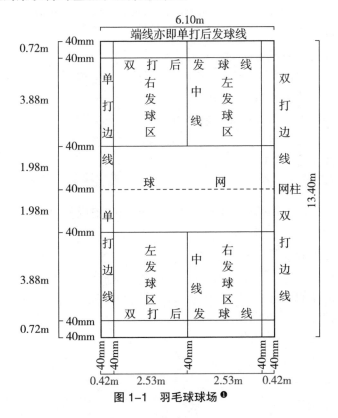

图 1-1　羽毛球球场 ❶

---

❶ 刘瑛，韩文华 . 羽毛球入门、提高训练与实战 [M].北京：化学工业出版社，2015.

3.球网

（1）球网由深色、优质的细绳织成。网孔呈正方形，各边长度为15～20毫米。

（2）网上下宽760毫米。

（3）网的顶端用75毫米的白布对折而成，用绳索或钢丝穿过夹层。白布边的上沿紧贴绳索或钢丝。

（4）绳索或钢丝必须足够长、足够结实，能牢固地拉紧并与网柱顶部齐平。

（5）球场中央网高1.524米，双打边线处网高1.55米。

（二）羽毛球运动器材

1.羽毛球

羽毛球可由天然材料制成、人造材料制成或用天然和人工材料混合制成，只要球的飞翔性能与用天然羽毛和包裹羊皮的软木球托制成的球的性能相似即可。

羽毛球的一般规格如下。

（1）有16根羽毛固定在球托部，羽毛长64～70毫米。

（2）羽毛球重4.74～5.50克。

（3）羽毛顶端围成圆形，直径为58～68毫米。

（4）羽毛应用线或其他适宜材料扎牢。

（5）球托直径25～28毫米，底部为圆形。

2.球拍

球拍由拍柄、拍弦面、拍头、拍杆、连接喉组成整个框架。

（1）拍柄

握住球拍的部分。

（2）拍弦面

用于击球的部分。

（3）拍头

界定了拍弦面的范围。

（4）拍杆

连接拍柄与拍头。

（5）连接喉

连接拍杆与拍头。

四、羽毛球基本术语

（一）场地区域划分

1. 以击球者在场上的击球位置划分

（1）前场

前发球线附近至球网区域。

（2）后场

从端线至场内约 1 米处。

（3）中场

前、后场区之间的区域。

（4）左、右场区

以场地的中线为界，分为左、右两个场区（如图 1-2 所示）。

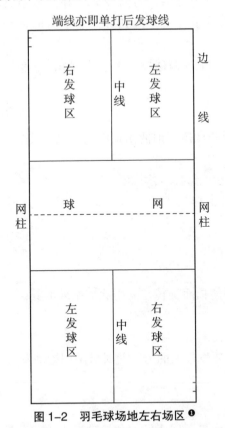

图 1-2　羽毛球场地左右场区 ❶

---

❶ 朱建国.羽毛球运动教学与训练教程［M］.北京：清华大学出版社，2019.

2. 以发球时球的落点划分（在战术中运用）

（1）1 区

前发球线靠近中线的区域。

（2）2 区

前发球线靠近边线的区域。

（3）3 区

后发球线靠近中线的区域。

（4）4 区

后发球线靠近边线的区域。

（二）指法

手握球拍击球，在球拍与球碰触的瞬间，手指肌肉突然收紧发力，成功转换球拍面的方向或使挥拍速度加快。在羽毛球击球动作中，手腕手指发力是非常重要的环节之一，对击球方向和击球距离的控制与调整都需要依靠这一环节来完成，手指恰到好处的发力也有助于促进击球质量的提高。

下面简单分析羽毛球击球技术中上肢动作的一些常见指法。

1. 屈指发力

（1）方法

击球手的拇指和食指将拍柄扣紧作为支点，其余三指弯曲握紧，击球时手指收紧发力。

（2）应用

在需要发力的击球技术中常采用这一指法，如抽球、杀球、击平高球、击高远球等。

2. 捻动发力

（1）方法

自然握拍，要使拍面旋转，需用除拇指外的其余四指旋转（顺时针方向）搓动拍柄。

（2）应用

网前搓球不需要发很大的力，此时可采用捻动发力的指法。

3. 屈捻发力

（1）方法

屈捻发力的动作界于屈指发力和捻动发力之间，是二者的结合，手指力量大于捻动发力，小于屈指发力。

（2）应用

在后场吊球技术中常采用屈捻发力的手法。

5. 手腕前屈、后伸

（1）方法

持拍手臂基本平行地面，掌心向下，此时前屈的动作是指手腕下压，后伸的动作是指手腕上抬。

（2）应用

在后场杀球、挑球、击平高球等需要特别发力的击球中常采用这种指法。

5. 手腕内收、外展

（1）方法

持拍手臂基本平行地面，手掌直立就像握手姿势一样，此时外展的动作是指手掌上抬，内收的动作是指手腕下压。

（2）应用

在反手击球动作中常采用这种指法。

6. 小臂内旋、外旋

（1）方法

持拍手臂基本平行地面，此时内旋的动作是指手背向上，外旋的动作是指从手背向上转到掌心向上。

（2）应用

在抽球、杀球、击平高球、击高远球等需要发力的击球动作中常采用这一指法，从而对击球的拍面进行调整，使击球刹那的爆发力得到增强。

7. 拉拍

（1）方法

手臂向上举起充分伸直，然后肘部下沉，使球拍的挥动方向为前下方。

（2）应用

在中场平抽球、近网球等击球点较低的击球动作中常采用这一指法。

（三）球感

球感是指专门化知觉能力，是羽毛球运动员经过长时间的专项训练和运动实践而形成与发展起来的。拥有专门化知觉能力的运动员对羽毛球的肌肉感觉良好，能够敏锐观察与准确判断场地、球、人、攻守变化，能够及时把握时机合理选择技战术。

球感良好的羽毛球运动员有很强的感觉能力，这种能力已经达到了精细分化的水平，能够准确感知球与球拍的时空特性、物理特性以及人在击球时表现出来的运动学特性。

羽毛球的"球感"包括下列几方面的内容。

1. 手感

羽毛球运动员的手感是指击球时表现出来的生物运动学特性，如持拍击球的整个过程中相关肌肉和关节的活动能力。

2. 球性感

球性感是指羽毛球运动员对球的一般特性的感知能力和对击球时球的运动特性的感知能力。球的一般特性表现为球的形状、重量、体积、重力、弹力等，球的运动特性表现为击球后球的运动方向、运动轨迹以及运动速度。

3. 球拍感

球拍感是指羽毛球运动员对羽毛球球拍的一般特性（球拍的形状、体积、重量、弹性及其与人的关系等）的感知能力和对击球时球拍所产生的运动特性的感知能力。

第二节　羽毛球运动的竞技特征与比赛特征

一、羽毛球运动的竞技特征

（一）以"全面"为基础

羽毛球新赛制出现后，竞赛的激烈程度不断提升，对羽毛球运动员也提出了越来越高和十分全面的要求。羽毛球运动员不仅要有良好的体能和技战术能力，还要在思想素质、心理素质、智能、意志品质等方面达到较高的要求，全方位具备这些素质是优秀羽毛球运动员的共同特征。

近些年，国际羽毛球比赛中优秀运动员主要靠积极进攻来得分，以主动得分为主，采用各种技术对对方的进攻进行压制，如下压球、发小球等。这对羽毛球运动员训练的专业化水平及全面性提出了较高的要求。专业羽毛球运动员应该具备全面的素质，不仅要在训练中提高技战术能力，还要加强体能练习，形成良好的心理素质，提升智力水平，如此才能将自己的综合实力充分展现出来，才有可能在激烈的比赛中获得胜利。

（二）以"快"为核心

"快、狠、准、活"是现代羽毛球运动的主要特点与发展模式，其中"快"是核心，表现在"狠、准、活"等方面。羽毛球运动的"快"具体体现在运动员的临场反应、步法移动、技战术的完成以及攻防转换的节奏等方面。羽毛球新规则出现后，竞技羽毛球运动的发展水平提升，羽毛球运动员树立了强烈的进攻和强攻意识，在赛场上快速判断、迅速进攻，为自己争取得分的机会。羽毛球运动员只有加快节奏、增强意识，才能在比赛中占据主动权，保持优势地位，争取最终比赛胜利。

（三）以"体能和心理"为优势

随着现代竞技羽毛球运动发展水平的提升，羽毛球比赛的竞争程度也逐渐增加，这对专业羽毛球运动员的身心素质提出了较高的要求。羽毛球运动员在比赛中进攻或防守，都要以良好的体能素质为基础，只有身体素质好了，才能保证技战术的顺利完成，才能坚持到比赛最后。在羽毛球运动员的竞技能力结构中，心理素质占据重要地位，是影响比分的关键因素，有时羽毛球运动员的心理素质对其比赛结果起到决定性影响，羽毛球运动员因心理素质差而在比赛中发挥失常、最终落败的事例有很多。可见，心理素质和体能一样重要，都是羽毛球运动员的必备素质。

需要注意的是，当羽毛球比赛中参赛双方的技战术实力相当时，体能和心理素质好的一方就占到优势。基于体能素质的重要性，在羽毛球后备人才选拔中必须加强对体能指标的评价，尤其要重视身高优势，因为现代羽毛球运动在竞技化发展中逐渐突出高空优势的特征，这是竞技羽毛球发展的必然结果。结合羽毛球运动的特点来看，高空优势指的是身材高大的羽毛球运动员在比赛中抢占高的击球点是比较容易的，而且在吊球、杀球等击球技术中抢占高的击球点有助于发挥这些技术球路刁、落点深的优势，能够使对手的步法移动距离加大，为本方争取主动机会，争取在主动进攻中得分。❶

（四）以"特长"为法宝

随着竞技羽毛球运动的不断发展，羽毛球运动员的技战术越来越全面，在所有运动员都全面发展与提高的情况下，要在竞争激烈的比赛中取得胜利，就必须要有特长，即"人无我有、人有我优"，这是运动员打败对手、获得胜利的重要法宝。要形成与发展特长，就要在全面发展竞技能

---

❶　张洪宝. 现代羽毛球竞技特征及创新训练 [J]. 南京体育学院学报（自然科学版），2010，9（04）：49-52.

力的基础上重点发展特长，如此才能在高水平的羽毛球比赛中争得主动地位，发挥自己的优势，展现自己的高超技术，获得最终的胜利。

羽毛球运动员的特长并不单单指技术特长和战术特长，如擅长进攻技术、擅长网前击球技术、擅长后场击球技术等，特长是一个广泛的概念，以技术特长为主，此外还体现在体能、心理、智能等方面。总之，羽毛球运动员可以发展自身竞技能力构成因素中任何一方面的特长。

二、羽毛球运动的比赛特征

（一）羽毛球比赛中能量供应需求的特点

羽毛球运动是高强度间歇类运动的典型项目，而且运动员只有较短的间歇时间。世界羽毛球联合会对羽毛球竞赛计分系统进行更改之后，有关学者对羽毛球运动员在不同计分系统下的比赛中的能量供应特点进行了研究。21 分发球得分制是新的计分系统，它代替了 15 分发球得分制，计分系统的变化在很大程度上影响了羽毛球比赛的时间结构和参赛运动员的能量需求。

羽毛球比赛对运动员供能系统提出了很高的要求，既包括对有氧供能系统的要求，也包括对无氧供能系统的要求，除了对供能系统的要求外，对运动员间歇时的恢复能力也提出了很高的要求。研究发现，在每场羽毛球比赛中，有氧系统供能所占的比例为 60%～70%，无氧系统供能占30%左右。虽然占比较大的供能方式是有氧供能，但最终是无氧供能起决定性作用，这就对运动员的无氧供能能力提出了很高的要求。羽毛球运动员在比赛中打一个回合要多次挥拍击球，在这个过程中无氧供能是他们的主要能量来源。运动员能否坚持打完时间较长的比赛，是由很多因素所决定的，其中就包括无氧供能能力这项因素。

由于羽毛球比赛强度较大，运动员的平均心率和最大心率都会比较高，这说明羽毛球比赛也要求运动员要有良好的有氧供能能力，尤其是对单打项目的运动员来说，只有有氧供能能力强，才能释放完成比赛所需要的身体能量，才能在短暂的间歇中尽可能恢复。❶

（二）羽毛球比赛中击球技术选用的特点

羽毛球击球技术有诸多分类，如进攻技术、防守技术，前场技术、中场技术和后场技术，等等。羽毛球运动员在球场上选择和运用什么类型的

---

❶ 徐刚等.现代羽毛球专项竞赛体系与训练参赛机制［M］.北京：北京体育大学出版社，2016.

击球技术，是由其击球时所在的位置和对方来球的特点所决定的。据研究调查显示，在羽毛球男子单打项目的比赛中，运动员使用较多的是扣杀球、平抽球等击球方式，羽毛球女子单打项目比赛中，使用最多的击球技术是吊球。其他击球方法在羽毛球比赛中出现频率的分布没有明显差异。

在羽毛球比赛中，男子运动员常常近网击球，网前球和高球出现较为频繁。相对来说，女子运动员比较习惯采用后场击球技术，如吊球、高远球。不管是男子羽毛球运动员，还是女子羽毛球运动员，在比赛中运用的进攻技术要多于防守技术。在羽毛球单打比赛中，为了防止对方使用进攻性击球方式接发球，运动员常常发运动轨迹平而短的低、短球。

第三节　世界羽毛球重大赛事

一、汤姆斯杯赛

汤姆斯杯羽毛球赛又被称为"世界男子团体羽毛球锦标赛"，是世界上男子羽毛球团体赛最高水平的代表。价值不菲的汤姆斯杯的捐赠者是汤姆斯，即国际羽毛球联合会第一任主席，时间为 1939 年，汤姆斯杯赛的名称由此而来。第一届汤姆斯杯羽毛球赛因为二战的影响直到 1948 年才举行。在 1948 年～ 1982 年，该赛事每三年一届，赛制是两天 9 场比赛，5 场单打，4 场双打，9 局 5 胜制。从 1982 年起这项比赛每两年举办一届，赛制也发生了变化，之前分两天完成比赛，现在只需一天，共有 5 场，3 场单打和 2 场双打，5 局 3 胜制。从 1949 年～ 2018 年，汤姆斯杯已举行 30 届比赛，中国队夺冠 10 次。2020 年原本计划在丹麦奥胡斯举行的第 31 届汤姆斯杯鉴于新冠肺炎疫情而被推迟到 2021 年。

二、尤伯杯赛

尤伯杯赛是世界女子羽毛球团体锦标赛。这项比赛的首创者是英国 20 世纪 30 ～ 40 年代著名的女子羽毛球运动员——贝蒂·尤伯夫人。她从 20 世纪 30 年代初到 20 世纪 40 年代末多次参加全英羽毛球锦标赛，并多次获得冠军，其中包括女子单打项目冠军、女子双打项目冠军和混双项目冠军。尤伯夫人十分热衷羽毛球事业，退役后依然为羽毛球事业奉献。在 1956 年国际羽联理事会上，尤伯夫人正式捐赠国际女子羽毛球冠军挑战杯 / 纪念杯——尤伯杯。

在 1982 年以前，尤伯杯赛也是每三年一届，共有 7 场比赛，7 场 4 胜制，自 1984 年开始，由每三年一届改为每两年一届，比赛场次减少为 5 场，5 场 3 胜制。从 1957 年～2020 年，尤伯杯赛已举办 28 届，中国队夺冠 15 次。

三、苏迪曼杯赛

苏迪曼杯赛是世界羽毛球混合团体比赛，是代表羽毛球整体水平的最重要的世界大赛，与前两大国际赛事齐名。羽毛球是印度尼西亚的"国球"，印度尼西亚羽毛球协会向国际羽联捐赠苏迪曼杯主要是为了纪念印尼国球的"奠基人"——迪克·苏迪曼（前国际羽毛球联合会副主席）。苏迪曼杯赛第一次举办是在 1989 年，每两年一次，奇数年举办。这项比赛共有 5 场，单打和双打各两场，混双一场，采取 5 场 3 胜制。

四、世界羽毛球锦标赛

世界羽毛球锦标赛是以个人单项为竞赛项目的世界高水平羽毛球比赛，比赛的创立者是国际羽毛球联合会。汤姆斯杯羽毛球比赛、尤伯杯羽毛球比赛相继出现后，世界羽毛球运动快速发展，为了适应发展需要，国际羽联设立了世界羽毛球锦标赛。

作为第一个世界性的羽毛球组织，国际羽毛球联合会于 1934 年成立于英国，另一个世界性的羽毛球组织——世界羽毛球联合会成立于 1978 年。早期这两个世界性的羽毛球组织各自举办世界羽毛球单项比赛，举办时间错开一年。这两个组织在 1981 年联合之后，组织的名称统一为"国际羽毛球联合会"。国际羽联决定世界羽毛球单项锦标赛的举办周期为每两年一次，在两个羽毛球组织联合之前各自举办的届数的基础上延续下去。

1983 年，第 3 届世界羽毛球单项锦标赛在丹麦首都哥本哈根举行，这是联合之后的国际羽毛球联合会正式组织的首届世界羽毛球单项比赛，比赛分 5 个项目，单打 2 项、双打 2 项、混双 1 项。

1988 年，国际羽毛球联合会新设立了世界羽毛球混合团体比赛——苏迪曼杯赛，并决定将新赛事与世界羽毛球单项锦标赛在同一年同一个地方举行。在世界羽毛球锦标赛中，每个项目世界排名前 16 名（对）的运动员受国际羽联之邀直接参加比赛。国际羽毛球联合会的会员国和地区不断增加、更新，但每个会员国和地区报名参加各个参赛项目的人数是有限制的，各项目最多 4 名（对）。

五、世界杯羽毛球赛

世界杯羽毛球赛是一项具有邀请性质的世界羽毛球比赛，邀请者为国际羽毛球联合会，邀请的对象是当年成绩优秀的在世界排名前列的羽毛球运动员。国际羽联在 1981 年举办了第 1 届世界杯羽毛球赛，之后每年举办一届，前两届只有两个单打比赛项目，从第三届开始增加到 5 个项目，除了 2 个单打项目外，还有 2 个双打和 1 个混双项目。

1997 年举办了第 17 届世界杯羽毛球赛，之后因为各方面原因导致这项赛事中断，国际羽毛球联合会开始着手主办世界羽毛球明星赛，邀请世界各国的高水平羽毛球选手参加，并尝试组织羽毛球大满贯赛事，设立丰厚的奖金。2005 年，世界杯羽毛球赛恢复，但 2006 年之后再次停办。

六、国际系列大奖赛

羽毛球国际系列大奖赛在 1983 年由国际羽毛球联合会始创，国际羽联把全年的羽毛球比赛分成若干赛区，各个赛区的各项比赛组成一个大的系列。运动员在比赛中的排名是以他们在各次比赛中的成绩积分为参照的，最终能够进入总决赛的是排名前 16 位的选手。

七、奥运会羽毛球比赛

世界各国人民最为关注的世界大赛当属奥运会。虽然国际羽毛球联合会和国际奥委会这两个世界性体育组织的性质和职能是不同的，但为了加快羽毛球的发展，使羽毛球成功进入奥运会大家庭，这两个组织互相认可、密切配合。为了让羽毛球早日成为奥运会项目，国际羽联在 1970 年就着手准备工作，并争取国际奥委会的支持和帮助，经过多年的努力，1985 年国际奥委会终于决定将羽毛球列为奥运会比赛项目。1988 年，羽毛球作为表演赛出现在汉城奥运会上，这是羽毛球运动首次在奥运会上亮相，取得了很大的成功。羽毛球作为正式比赛项目出现在奥运会中是在 1992 年举办的巴塞罗那奥运会上。此后，羽毛球作为奥运会项目取得了快速发展。奥运会羽毛球比赛代表了世界羽毛球运动的最高水平，它所具有的象征意义是其他比赛不可比拟的。中国羽毛球队参加奥运会以来战绩显赫，硕果累累，奠定了中国羽毛球在世界羽坛的重要地位。

八、全英羽毛球锦标赛

英格兰羽毛球协会在 1899 年创立了世界上历史最久远的羽毛球比赛——全英羽毛球锦标赛，该赛事的举办时间为每年 3 月份。这项赛事创立初期，参赛者主要是英国各地方协会选派的选手，后来向整个英联邦国家拓展，最后向全世界拓展，成为世界性羽毛球比赛。

第四节　羽毛球竞赛规则

一、发球

（1）合法发球

·一旦发球员和接发球员做好准备，任何一方都不得延误发球，发球时发球员球拍的拍头做完后摆，任何迟滞都是延误发球。

·发球员和接发球员应站在斜对角的发球区内，脚不得触及发球区和接发球区的界线。

·从发球开始，至发球结束前，发球员和接发球员的两脚，都必须有一部分与场地的地面接触，不得移动。

·发球员的球拍，应首先击中球托。

·发球员的球拍击中球的瞬间，整个球应低于发球员的腰部（发球员最低肋骨下缘的水平切线）。

·发球员的球拍击中球的瞬间，球拍杆应指向下方。

·发球开始后，发球员必须连续向前挥拍，直至将球发出。

·发出的球向上飞行过网，如果未被拦截，球应落在规定的接发球区内（即落在线上或界内）。

·发球员发球时，应击中球。

（2）一旦运动员站好位置准备发球，发球员的球拍头第一次向前挥动，即为发球开始。

（3）一旦发球开始，发球员的球拍击中球或未能击中球，均为发球结束。

（4）发球员应在接发球员准备好后才能发球，如果接发员已试图接发球，即被视为已做好准备。

（5）双打比赛发球时，发球员和接发球员的同伴应在各自的场区内。其站位不限，但不得阻挡对方发球员或接发球员的视线。

二、单打

（一）发球区和接发球区

（1）一局中，发球员的分数为 0 或双数时，双方运动员均应在各自的右发球区发球或接发球。

（2）一局中，发球员的分数为单数时，双方运动员均应在各自的左发球区发球或接发球。

（二）击球顺序和位置

一个回合中，球应由发球员和接球员交替从各自所在场所一边的任何位置击出，直至成死球为止。

（三）得分和发球

（1）发球员胜一回合则得一分。随后，发球员再从另一发球区发球。

（2）接发球员胜一回合则得一分。随后，接发球员成为新发球员。

三、双打

（一）发球区和接发球区

（1）一局中，发球方的分数为0或双数时，发球方均应从右发球区发球。

（2）一局中，发球方的分数为单数时，发球方均应从左发球区发球。

（3）接发球方上一回合最后一次发球的运动员应在原发球区接发球，他的同伴接发球的站位与其相反。

（4）接发球员应是站在发球员斜对角发球区的运动员。

（5）发球方每得一分后，原发球员则变换发球区再发球。

（二）击球顺序和位置

每一回合发球被回击后，由发球方的任何一人和接球方的任何一人，交替在各自场区的任何位置击球，如此往返直至死球。

（三）得分和发球

（1）发球方胜一回合则得一分，随后发球员继续发球。

（2）接发球方胜一回合则得一分，随后接发球方成为新发球方。

（四）发球顺序

（1）每局比赛的发球权必须如下传递：

·首先是发球员，从右发球区发球。

·其次是首先接发球员的同伴，从左发球区发球。

·再次是首先发球员的同伴。

·从次是首先接发球员。

·接着是首先发球员，如此传递。

（2）运动员在比赛中不得有发球、接发球顺序错误或在一局比赛中连续两次接发球（规则七的情况除外）。

（3）一局胜方的任一运动员可在下一局先发球；一局负方的任一运动员可在下一局先接发球。

四、发球区错误

（1）以下情况为发球区错误：

·发球或接发球顺序错误。

·在错误的发球区发球或接发球。

（2）如果发现发球区错误，应予以纠正，已得比分有效。

五、违例

以下情况均属违例：

（1）不合法发球。

（2）发球时

·球挂在网上或停在网顶；

·球过网后挂在网上；

·接发球员的同伴接到球或被球触及。

（3）比赛进行中，球

·落在场地界线外（即未落在界线上或界线内）；

·从网孔或网下穿过；

·未从网上方越过；

·触及天花板或四周墙壁；

·触及运动员的身体或衣服；

·触及场地外其他物体或人；

·被击时停滞在球拍上，紧接着被拖带抛出；

·被同一运动员两次挥拍连续两次击中（但一次击球动作中，球被拍框和拍弦面击中，不属违例）；

·被同方两名运动员连续击中；

·触及运动员球拍，而未飞向对方场区；

（4）比赛进行中，运动员

·球拍、身体或衣服，触及球网或球网的支撑物；

·球拍或身体，从网上侵入对方场区击球时，球拍与球的最初接触点在击球者网这一方，而后球拍随球过网的情况除外；

　　·球拍或身体，从网下侵入对方场区，导致妨碍对方或分散对方的注意力；

　　·妨碍对方，即阻挡对方紧靠球网的合法击球；

　　·故意分散对方注意力的任何举动，如喊叫、故作姿态等。

　　（5）运动员严重违规。

六、重发球

　　（1）由裁判员或运动员（未设裁判员时）宣报"重发球"，用以中断比赛。

　　（2）以下情况为"重发球"；

　　·发球员在接发球员未做好准备时发球；

　　·在发球过程中，发球员和接发球员都被判违例；

　　·发球被回击后，球停在网顶；球过网后挂在网上；

　　·比赛进行中，球托与球的其他部分完全分离；

　　·裁判员认为比赛被干扰或教练干扰了对方运动员的比赛；

　　·司线员未能看清，裁判员也不能做出裁决时；

　　·遇到不可预见的意外情况。

　　（3）重发球时，该次发球无效，原发球员重新发球。

第五节　中国竞技羽毛球的现状与展望

一、中国竞技羽毛球运动的现状

（一）竞争优势明显，但也面临较大的冲击

　　现阶段，亚洲羽毛球在世界上拥有很强大的实力，印度尼西亚、马来西亚、中国、日本等国家的男子羽毛球发展水平都比较高，印度、日本、泰国、韩国、中国等国家的女子羽毛球占据绝对优势，与此同时，丹麦、瑞典等欧洲国家的羽毛球选手也在努力赶超亚洲羽毛球水平。所以说，中国羽毛球在世界羽坛独领风骚的竞技格局已经不复存在。不仅亚洲国家之间存在着激烈的竞争，随着各个国家优秀人才的挖掘与培养，世界竞技格局也不断发生变化。这反映了世界羽坛的竞技实力有均衡发展倾向。

（二）男女单项发展不平衡

在我国羽毛球项目中，女子单打项目和女子双打项目占据明显的优势，几乎在国际羽坛居于霸主地位，连续几届奥运会包揽羽毛球女子项目的金牌，而且在世锦赛等比赛中也发挥了巨大优势，羽毛球女子单、双打项目的金牌很少被其他国家的选手获得，可见我国羽毛球女子单项的竞技实力极其强大。男子单打项目虽然也有很强的优势，但随着林丹的退役，中国男单缺少像林丹一样优秀的领军人物，再加上男双项目存在后备人才少、后备力量青黄不接的严峻问题，所以中国男子羽毛球的发展前景堪忧。要解决男女羽毛球单项发展不平衡的问题，我国必须以男子羽毛球队为突破口，努力提高男队的竞争实力，重点是要培养优秀的后备人才，塑造称霸羽坛的顶级选手和领军人物。

（三）年轻选手有待磨炼

从近几届奥运会来看，我国男子年轻羽毛球选手的表现可圈可点，达到一定的水平，但也有一些问题，如临场应变能力较差，不够灵活，心理不稳定，还需要在比赛中不断磨炼。我国女子羽毛球运动员新人辈出，而且选手们都有自己的打法风格，但也存在体能不足、技术不够细腻等问题。所以年轻羽毛球选手还需要通过参加更多更高水平的比赛来磨炼自己，克服弊端，不断提升技战术和综合能力，早日成为中国竞技羽毛球事业的接班人。

（四）超级联赛发展问题重重

中国羽毛球超级联赛还处于起步阶段，人们对此还缺乏充分的认识，超级联赛在社会上还没有形成广泛的影响力，社会对其商业价值的认可度不是很高，有很多赞助商尚处于观望状态，因此羽毛球俱乐部获得的赞助较少，俱乐部的正常运转受到严重影响。资金不足成为影响我国竞技羽毛球运动职业化发展的重要因素。

此外，宣传和推广中国羽毛球超级联赛的主流传媒很少，国内很少有电视台或广播频道报道这项赛事，这就导致羽毛球超级联赛的社会认知不够广泛，社会影响力小，商业价值得不到开发，发展严重受阻。

二、中国竞技羽毛球运动的未来展望

（一）普及大众羽毛球，为竞技羽毛球奠定基础

欧美国家的羽毛球运动在世界羽坛的竞争优势在不断弱化，这主要是因为他们更重视发展篮球、足球、橄榄球等充满激烈对抗的竞技项目，而

很少关注小球运动，如乒乓球、羽毛球等。不仅是政府不重视，社会也很少关注，因此羽毛球在欧美地区的普及力度弱，缺乏坚实的群众基础，这反过来又影响了竞技羽毛球的发展。

吸取欧美国家的教训，我国要保持竞技羽毛球的传统优势，在世界舞台上越走越远，就必须认识到羽毛球普及的重要性，认识到大众羽毛球对竞技羽毛球发展的重要影响，从而加大对羽毛球的宣传力度，传播羽毛球文化，提升社会大众参与羽毛球运动的积极性，营造良好的社会氛围，为竞技羽毛球的发展奠定良好的群众基础，营造良好的社会环境，并从大众羽毛球运动中挖掘和培养人才，壮大中国羽毛球运动队的力量。

（二）提高训练水平

虽然中国羽毛球队在世界羽坛占据优势地位，在各大世界羽毛球比赛中获得了优异的成绩，但我国一些优秀的羽毛球选手常年进行大量训练，身上有伤病，即使是年轻选手也是如此，这对他们的正常训练和在比赛中的顺利发挥造成了严重的影响，最终影响了训练效果和比赛成绩。因而，当前我国羽毛球队要重点解决的一个问题是提高训练的科学性与安全性，尽最大努力使运动员少受伤害，在保持良好竞技水平的基础上使优秀羽毛球选手的运动生涯延长，将竞技优势一直保持下去。

为了解决上述问题，提高羽毛球科学训练水平，应加强对训练计划的科学制订与不断完善，以比赛的性质、重要性为依据进行训练备战，规划好训练周期，进行循序渐进的训练，从而不断提高训练水平和竞技能力。羽毛球训练的负荷要根据运动员的特点进行安排，合理搭配运动强度和运动量。羽毛球运动员的竞技状态是不断变化的，要以运动员的体能状况和竞技状态为依据不断对训练计划进行调整和改进，这就需要运用先进技术设备来检查与追踪运动员身体情况和竞技状态的动态变化。此外，还可以通过观察比赛录像和运用计算机系统分析对比各国优秀羽毛球选手的技战术特点，在学习和借鉴中不断提高、不断创新，形成自己的打法风格。

（三）注重身体素质训练

隔网对抗的羽毛球运动从专项特征来看属于技能主导类运动项目，其对运动员的身体协调性有很高的要求，亚洲羽毛球选手在这方面有一定的优势。但羽毛球运动除了要求运动员身体协调性好，还对其他身体素质提出了较高的要求，如速度、力量等，具体包括移动速度、挥拍速度、上下肢爆发力等，为了满足专项速度和专项力量的需要，还要求运动员有良好的心肺功能和其他身体机能素质。所以说运动员的专项体能素质是影响其比赛成绩的关键因素，在日常训练中必须重视运动员的身体素质训练，并提高运动员的身体机能水平。

此外，羽毛球运动员在比赛中要不断移动、跑动，体力消耗非常大，有时在关键点因为体力不支而无法快速移动击球，或者因为疲劳而分散了注意力，增加了失误次数，影响了比赛成绩。在竞争激烈的羽毛球比赛中，运动员在体力消耗较大时必须克服生理极限才能坚持完成比赛，减少失误。因此羽毛球运动员加强耐力训练、极限负荷训练非常重要。

（四）注重心理能力训练

竞技体育运动员不管从事什么竞技项目，都要有良好的心理能力，尤其是个性心理特征，这对运动员的比赛成绩有着非常重要的影响。羽毛球运动员在长期系统的训练中大大提升了体能素质和技战术能力，当运动员的体能和技能水平相当时，心理素质的重要性就逐渐显现出来，成为影响羽毛球运动比赛成绩的关键因素。

在羽毛球比赛的关键时刻，心态平稳、意志坚强的运动员往往能够卸下思想包袱，发挥出正常水平，甚至超水平发挥，而如果运动员有很重的思想负担，唯唯诺诺，害怕失败，没有敢打敢拼的勇气，那么必然会分散注意力，影响技术质量和战术行动，出现较多失误，最终可能会导致失败。可见良好的心理素质在羽毛球比赛中何其重要。羽毛球运动员在日常训练中必须加强心理训练，培养良好的运动心理能力和个性心理特征，从而在比赛中主动屏蔽干扰，不受外界影响，保持良好心态，稳定发挥，取得胜利。

第二章　竞技羽毛球科学训练理论

竞技羽毛球运动不同于日常生活中的羽毛球运动，竞技羽毛球对运动员有着一定的要求，要求运动员具备一定的技能，而且这些技能需要经过科学的、日积月累的练习才能获得。需要注意的是，所有的实践训练都要以科学的理论为基础，所以在进行羽毛球训练时要了解科学的训练理论。本章将对竞技羽毛球科学训练理论的相关内容进行详细说明。

第一节　羽毛球运动员竞技能力分析

羽毛球运动员必须具备一定的竞技能力，才能在竞技场上恣意发挥，有出色的表现。而要想获得羽毛球竞技能力，首先要对羽毛球竞技能力本身有一个透彻的了解。对此，本节将对羽毛球运动员竞技能力进行具体分析。

一、运动员竞技能力的概念

何谓竞技能力？竞技能力实际上是竞技运动本质的一种体现，是竞技运动获得胜利的必要因素，也是运动专项特征必不可少的内容。

何谓运动员竞技能力？运动员竞技能力是指运动员在训练场上和赛场上体能、技术能力、战术能力、心理能力、运动智能和思想品德作风的有机结合，是一种综合能力。

其中，体能是一种综合素质，包括运动素质和人体机能水平；技术能力是指按一定技术要求掌握、完成和表现技术动作的能力；战术能力是指运动员学习和运用战术的本领；心理能力是指运动员对训练和比赛的心理适应状态；智能是运动智力和能力的综合体；思想道德作风是由运动员的世界观、人生观、价值观、生活作风、训练和比赛作风所构成的综合体。❶

---

❶ 郑伟.论竞技能力 [M].北京：中国科学技术出版社，2005.

二、运动员竞技能力的构成要素

运动员竞技能力由多个要素构成，很多学者对此进行过研究。

关于运动员竞技能力的构成要素，田麦久教授指出，体能、技能、心理能力是构成运动员竞技能力的主要组成部分，如图 2-1 所示。从图中可以了解到竞技能力的构成要素，还能了解到竞技能力构成要素的具体表现形式以及发挥的基础条件。

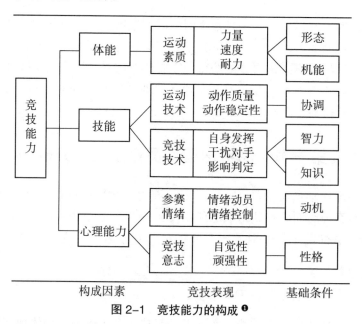

图 2-1　竞技能力的构成 ❶

基于田麦久教授的研究成果，有些学者对竞技能力的构成要素进行了完善，指出竞技能力不仅包含体能、技能和心理能力等，还包含运动智力，于是新的竞技能力体系得以形成，如图 2-2 所示。

总体而言，竞技能力的主要构成要素包括体能、技能、心智要素以及其他因素，这些要素犹如骨架一般，撑起了整个竞技能力体系。其中，体能要素是竞技能力的基础，其训练的质量对于竞技能力的质量和高度有着直接的影响。技能要素是竞技能力体系中的重要架构，其训练的质量直接影响着竞技能力的作用。心智要素属于一种隐性因素，其对体能和技能训练的质量有着重要的促进作用，而且能够将体能训练和技能训练的内容有机融合在一起，影响着竞技能力的整体作用发挥。由此可见，竞技能力的

❶　杨桦，李宗浩，池建.运动训练学导论 [M].北京：北京体育大学出版社，2007.

发展与提高不能孤立地推进，需要加强各要素的融合。❶

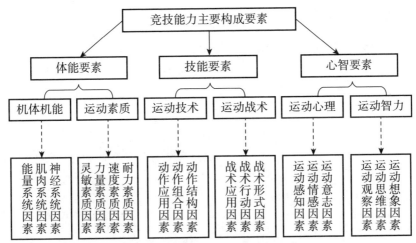

图 2-2 竞技能力主要构成要素 ❷

竞技能力的构成因素有很多，除了包含体能、技能和心智要素这些总体要素，还包含非常多的细分要素，其要素构成见表 2-3，但表中所示要素并非全部。

表 2-3 运动员竞技能力的层次要素 ❸

一级	二级	三级	四级
体能	机体机能	神经系统	灵活性
			稳定性
			高强性
		肌肉系统	速度性
			协调性
			精细性
		能量系统	无氧性
			有氧性
			混合性

❶ 郑伟. 论竞技能力 [M]. 北京：中国科学技术出版社，2005.

❷ 胡亦海. 竞技运动训练理论与方法 [M]. 北京：人民体育出版社，2014.

❸ 胡亦海. 竞技运动训练理论与方法 [M]. 北京：人民体育出版社，2014.

续表

一级	二级	三级	四级
体能	运动素质	力量素质	最大性
			爆发性
			持久性
		速度素质	反应性
			速度性
			持久性
		耐力素质	短时性
			中时性
			长时性
		灵敏素质	协调性
			应变性
			及时性
技能	运动技术	动作结构	稳定性
			多样性
			微调性
		动作组合	衔接性
			变异性
			节奏性
		动作运用	准确性
			应变性
			难美性
	运动战术	战术形式	多样性
			针对性
			转换性

续表

一级	二级	三级	四级
技能	运动战术	战术行动	默契性
			应变性
			预见性
		战术应用	熟练性
			针对性
			诡奇性
		运动感知	清晰性
			准确性
			敏锐性
心智	运动心理	运动感知	清晰性
			准确性
			敏锐性
		运动情感	激情性
			稳定性
			表现性
		运动意志	坚定性
			果断性
			自制性
	运动智力	运动思维	敏捷性
			想象性
			逻辑性
		运动观察	细微性
			准确性
			广泛性

续表

一级	二级	三级	四级
心智	运动智力	运动想象	清晰性
			丰富性
			联想性
		运动注意	集中性
			分配性
			转移性

表 2-3 将竞技能力分为四个层次，每一个层次的竞技能力因素又包含若干个下位因素，而且越来越细化，越来越体现专项特征。

三、羽毛球运动员竞技能力非衡结构的补偿

通常情况下，运动员竞技能力中的各个子能力之间是非平衡的，也就是存在大小不等的情况。这种情况的存在是正常也是必然的，不过某种能力的欠缺可以被其他高度发展的能力所弥补，从而使总体的竞技能力维持在一个特定的水平，基本保持不变。

（一）内源性补偿与外源性补偿

内源性补偿是一种通过遗传获得的能力优势去弥补竞技能力中某种比较欠缺的能力的方式。所以，在选择运动员时，应在综合考虑运动员身体素质的基础上，重点考虑运动员本身的特征和优势。

外源性补偿是通过后天训练获得的能力来弥补竞技能力中比较薄弱且难以施展的能力的方式。经过后天的训练，竞技能力体系中的一些能力得到加强和提高，在弥补薄弱能力的同时能提高竞技能力的整体功能。

（二）辐射补偿

辐射补偿是指竞技能力中的优势能力通过向外辐射从而加强各能力要素之间的联系并促进其他要素水平提高的现象。不要小看辐射补偿的作用，有时优势能力即使发生了很小的变化，也可能会带来其他因素水平的显著提升。所以，在选择运动员时，不仅要综合考虑运动员的整体素质，还要审视运动员的专项素质，尤其要关注运动员有着绝对优势的身体素质。

（三）心理素质对技能的补偿

运动员不仅要有良好的身体素质、过硬的战术技术，更要有良好的心理素质。可以看到，在各大赛场上，运动员之间比拼的不仅仅是身体素质和战术，比拼的还是心理素质，心理素质对比赛结果起着主导作用。可以说，高水平运动员之间比的更多的是心理素质。良好的心理素质是赛场上制胜的法宝，在关键时刻可以一定程度上弥补技术上的不足。

第二节　竞技羽毛球训练的基础原理

竞技羽毛球训练是基于一定的基础原理的，具体包括生理学基础和心理学基础，本节就此展开具体说明。

一、竞技羽毛球训练的生理学基础

（一）羽毛球训练与激素

1. 人体的激素

人体内的分泌腺所分泌出的各种高效的生活活性物质，即为激素。激素经由血液或者组织液的传递来发挥调节作用。

人体内所分泌出的激素多达数百种，而且尚有新的激素物质不断被发现。下面通过表2-4来了解一下人体内的重要激素及其作用。

表2-4　人体内主要激素和作用

化学性质	激素	缩写	主要来源	靶细胞或组织	主要作用
胺类	甲状腺素	T4	甲状腺	多数体细胞	促进代谢和生长发育
	三碘甲状腺原氨酸	T3			
	肾上腺素	Ad	肾上腺髓质		增强循环机能，促进糖原分解，升高血糖
	去甲肾上腺素	Nad			
	促甲状腺素释放激素	TRH	下丘脑	腺垂体	促 TSH 分泌
	促性腺激素释放激素	GnRH			促 FSH、LH 分泌

化学性质	激素	缩写	主要来源	靶细胞或组织	主要作用
胺类	生长素释放抑制激素	GIH			抑制 GH 分泌
肽类和蛋白质	生长激素释放激素	GRH	下丘脑	腺垂体	促 GH 分泌
	促皮质激素释放激素	CRH			促 AcTH 分泌
	催乳素释放激素	PRH			促 PRL 分泌
	催乳素释放抑制激素	PIH			抑制 PRL 分泌
	甲状旁腺素	PTH	甲状旁腺	骨、肾、小肠	调节钙磷代谢，升高血钙
	降钙素	CT	甲状腺 C 细胞	骨、肾	调节钙磷代谢，降低血钙
	胰岛素		胰岛 β 细胞	多数体细胞	影响糖、蛋白质、脂肪代谢，降低血糖
	胰高血糖素		胰岛 α 细胞	肝脏	促进糖异生和糖原分解，升高血糖
	生长素	GH	腺垂体	多数体细胞	促进生长
	促甲状腺素	TSH		甲状腺	促进甲状腺分泌
	促肾上腺皮质激素	ACTH		肾上腺皮质	促进糖皮质激素分泌
	卵泡刺激素	FSH		性腺	促进卵泡发育、精子形成
	黄体生成素	LH			促进黄体形成、睾丸间质，细胞发育分泌雄激素
	催乳素	PRL		乳腺	促泌乳
	催产素	OXT	神经垂体	子宫、乳腺	促子宫收缩和乳腺泌乳
	抗利尿激素	ADH		肾脏	促进肾脏集合管对水分的重吸收

续表

化学性质	激素	缩写	主要来源	靶细胞或组织	主要作用
类固醇	睾丸酮	T	睾丸	多数体细胞	促进男性性征的发育成熟和维持
	雌二醇	E2	卵巢、胎盘	多数体细胞	促进女性附性器官的发育成熟和副性征的出现
	孕酮	P	黄体、胎盘	子宫、乳腺	维持子宫内膜和妊娠、刺激乳腺腺泡发育
	糖皮质激素	GC	肾上腺皮质	多数体细胞	升高血糖、动员供能物质、参与应激反应
	盐皮质激素		肾上腺皮质	肾小管	促进肾小管对钠的重吸收，影响水盐代谢
脂肪酸衍生物	前列腺素	PG	全身各部	多数组织和细胞	主要在局部发挥作用

2. 羽毛球训练中激素的调节机制

在羽毛球运动员训练的过程中，其身体内容所分泌的激素对其身体功能和代谢变化有着重要的影响。具体来讲，羽毛球训练过程中，激素对羽毛球运动员身体的调剂机制体现在以下几个方面。

（1）增强能量储备。交感肾上腺系统、胰高血糖素作用于糖原分解和脂肪水解，胰岛素对葡萄糖跨膜转运后，就会增强能量储备。其中，在羽毛球运动员身体细胞氧化的过程中，甲状腺激素发挥着重要的调节作用；而在糖异生过程中，糖皮质激素、胰高血糖素发挥着重要的促进作用。

（2）促进蛋白质的合成与分解。在羽毛球运动员训练后的恢复阶段，胰岛素、甲状腺激素、生长激素等激素参与诱导结构蛋白质的合成，使运动员摆脱疲劳，恢复状态。当然，有激素能促进蛋白质合成就有激素促进蛋白质分解，这种激素就是糖皮质激素，它可以促进肝外蛋白质降解。

（3）调节免疫功能。在羽毛球的训练中，性激素、甲状腺激素、胸腺、交感—肾上腺系统、垂体—肾上腺皮质系统等对运动员的免疫系统具有显著的调节作用。

（二）羽毛球训练与供能

1. 磷酸原供能系统

磷酸原系统的构成成分主要是高能磷化物，且是蕴含在 ATP、CP 这两种细胞中的高能磷化物。在代谢过程中，ATP、CP 细胞都可以通过转移磷酸基团而释放能量，也由此 ATP、CP 合称为磷酸原，而由两者组成的功能系统则称为磷酸原供能系统。

磷酸原供能系统有着显著的特点，具体表现为能绝对值较小、持续时间不长、功能速度极快。在该系统中，ATP 是唯一可以被细胞直接利用的能源，所输出的功率最高，常在爆发性运动中发挥作用。

作为机体快速供能的基础，磷酸原系统有着非常大的功能输出率，而且可以为高强度的运动供能。

就羽毛球运动训练而言，当训练目的和内容不同时，运动的强度也会不同，与此同时，磷酸原储量也会发生变化，具体包含以下几种情况。

（1）高强度运动至没有力量时，CP 储量几乎耗尽，低于安静值的 3%，但 ATP 储量一般不低于安静值的 60%。

（2）以 75% 最大摄氧量强度运动至疲劳时，CP 储量会降至安静值的 20% 左右，而 ATP 储量会低于安静值。

（3）低于 60% 最大摄氧量强度运动时，CP 储量基本上不变，而 ATP 主要通过糖、脂肪的有氧代谢途径合成。

实际上，磷酸原系统与羽毛球训练之间的影响是双向的，羽毛球训练也会对磷酸原系统产生影响，具体如下。

第一，通过羽毛球运动训练，ATP 酶的活性可以得到有效提高。

第二，通过羽毛球运动训练，ATP 转换速率和肌肉的输出功率可以得到促进和提高，进而促进运动员速度素质水平的提升。

第三，通过羽毛球运动训练，骨骼肌 CP 储量会得到增加，进而延长磷酸原供能的时间。

第四，通过羽毛球运动训练，骨骼肌内的 ATP 储量也会受到一定程度的影响。

2. 有氧代谢供能系统

有氧代谢是指在氧气充足的情况下，糖、蛋白质和脂肪氧化生成二氧化碳和水的过程。羽毛球运动员在训练的过程中，是离不开有氧代谢功能系统的。

（1）细胞质内反应阶段

在细胞质内进行反应时，反应过程及参与的酶与糖酵解中丙酮酸的生成基本相同，不过有一种例外情况，即丙酮酸和 3- 磷酸甘油醛脱氢生成的 $NADH \cdot H^+$ 可以通过其他方式和途径进入线粒体中继续氧化。

（2）线粒体内反应阶段

在线粒体内进行反应时，基于丙酮酸脱氢酶的作用，丙酮酸氧化脱羧生成乙酰辅酶 A，接着与草酰乙酸相结合形成柠檬酸，进而进入三羧酸循环。

在羽毛球训练过程中，能源物质合成 ATP 的最大速率决定着机体代谢供能的输出功率。运动员在羽毛球训练过程当中，各个供能系统之间是通过相互配合来提供能源物质的，因为运动员不可能只依靠一种能源物质完成训练，只有各个供能系统相互协作，才能确保运动员顺利进行训练活动。

二、竞技羽毛球训练的心理学基础

（一）羽毛球训练与羽毛球运动员心理的关系

羽毛球训练不仅有着生理学基础，也有着一定的心理学基础。羽毛球运动员的心理与羽毛球训练之间有着显著的影响关系，这种影响并不是单项的，而是双向的，即运动员的心理发展水平和羽毛球训练的心理促进功能相互依存、相互影响，并且构成了羽毛球训练的心理学基础。

首先，运动员的心理发展水平对羽毛球运动训练有着重要的影响作用，具体表现为影响羽毛球运动训练的目标、内容、方法、运动符合的选择等，要求羽毛球运动训练必须符合运动员的性别、年龄、心理特征等，不可不考虑运动员的心理水平而随意开展。

其次，运动员参与羽毛球运动训练时的心理动力、意志力、注意力、情绪等，对他们参与训练或竞赛的投入程度、坚持性以及结果等有着直接的影响。羽毛球运动的专项性特点，使得羽毛球训练对运动员的心理发展发挥着特殊的影响作用，具体表现为对运动员的运动感知、思维敏捷性、反应速度、动作技能、意志力、专注力、情绪以及个性等有着显著的影响作用，而且对运动员的心理和行为的发展也有着重要的价值。所以，羽毛球运动训练要全面考虑运动员的心理特点，并在此基础上有计划、有目的地组织和开展训练，进而促进运动员的身体、心理、技术等朝着预定的良好方向发展，同时推动羽毛球运动训练目标的实现。

（二）羽毛球运动员的心理能力分析

1.羽毛球运动员的认知心理能力

在运动员参与羽毛球运动的过程中，其所有的活动都要在一定的场地上进行，所有技术和战术的运用都要受到竞赛规则的制约，而且要与对手进行接触，相互抗衡，所面临的比赛情况更是复杂多变。这种情况就对羽毛球运动员提出了一定的要求，即要求运动员运用各项技术和战术完成各种行动，对自己的注意力进行有效集中、分配和转移，通过自身的感觉器官来有效感知人、拍和球与场地的共建关系，掌控自己的身体，准确判断场上瞬息万变的情况，预判对手的情况，精准把握时机，采取有效措施，迅速、准确调动自己的身体来完成各项战术动作。

所有的这些都需要羽毛球运动员具备准确感知的能力，包括空间感知能力、时间感知能力、运动感知能力等，也需要羽毛球运动员合理分配注意力，该集中注意力时要集中，需要转移注意力时要合理转移，同时需要羽毛球运动员具备敏捷和灵活的思维等各项心理能力和心理品质。这些心理能力或心理品质，构成了羽毛球运动员的感知过程的心理特征、思维过程的心理特征和注意的心理品质。

2. 羽毛球运动员的情感、意志特征

羽毛球运动并不是没有情感的运动，而是承载着运动员丰富的情感，并且深受运动员情绪的制约和影响。进行羽毛球竞赛，主要目的是战胜对手，取得胜利。在比赛的过程中，运动员会遇到各种或主观或客观的变化条件，要进行快节奏、剧烈的运动，还要忍受身体的极度紧张和疲劳。所有的这些都会使运动员产生复杂的情绪，而这些复杂的情绪又会对运动员的水平发挥情况产生着重要影响。

经实践证明，羽毛球运动员的情绪体验包含的内容非常多，具体有政治责任感、道德感、集体荣誉感等，而且情绪体验十分鲜明且非常强烈，情绪体验的性质极易发生变化。而这就需要羽毛球运动员在竞赛过程中保持良好的情绪状态，使情绪处于稳定状态，同时需要羽毛球运动员具备良好的自我调控能力，这是保持情绪稳定的基础。总体而言，羽毛球运动员要具有纪律性、组织性、独立性，要具备沉着、勇敢、顽强、坚韧、果断、自信等品质。

当羽毛球参赛运动员的速度、身体素质、技术水平相当的情况下，哪一方最终能够获胜，很大程度上有赖于运动员的意志品质。所以，在羽毛球运动训练过程中，一定要重视对运动员意志品质的培养和发展。

3. 羽毛球运动员的个性心理特征

源于羽毛球运动本身的特点以及专项运动特点，羽毛球运动对羽毛球运动员的个性心理也有一定的要求，具体包括运动员的精神运动特性、性格特征以及气质类型等。

首先，就精神运动特性而言，羽毛球运动本身的特点，如活动结构、活动条件、训练竞赛等特点，对运动员心理活动的强度、稳定性、指向性以及表现方式等有着一定的要求。具体而言，要求羽毛球运动员具备高度的灵活和很强的平衡的神经过程。

有学者指出，神经过程的强度决定着神经系统是否具备足够的耐力能承受较强的、长时间的刺激。而神经过程的灵活性，也影响着羽毛球运动员多项能力的发展，是一些能力发展的基本条件，如在战术情况改变时迅速变换自己行动的能力，在同对手对抗过程中快速调整节奏和战术的能力等，这些能力的发展都以神经过程的灵活性为基础。除此之外，羽毛球运动员速度能力的发展也受神经过程的灵活性的影响与制约，这种影响作用集中体现在运动的速度、感知运动反应的速度以及爆发性的动作中，与此同时，受神经过程的灵活性的影响，运动员快速进入紧张活动的能力也会得到发展。神经过程的平衡性，则确保了运动员在紧张的状况下以及在竞赛活动中能够做出适宜的反应并具有稳定性。所有的这些，都应该是羽毛球运动员所具备的能力，所以羽毛球运动员应具备高度的灵活性和平衡性的神经过程。

其次，就气质特征而言，人的气质主要通过个体的精神运动体现出来，是人的精神运动特征在行为上的体现。根据羽毛球运动的精神运动特点，四种典型的气质类型都可以适应羽毛球运动的特点，而多血质和以多血质为主的或胆汁质或黏液质的中间型为最理想的羽毛球专项运动气质类型。

最后，就性格特征而言，人的性格是一个人在面对现实时的态度或者在行为方式方面所体现出来的较为稳定的心理特征。羽毛球运动本身的特点，如运动的结构、运动的条件、训练比赛的特点等，对羽毛球运动员的性格特征提出了一定要求，或者说决定了羽毛球运动员所应具备的性格特征。

具体而言，羽毛球运动本身要求运动员在现实的态度方面应该具有独立性、主动性、事业心，在对待集体中的他人时要具有群体意识、集体精神、同情心、热情的态度等，对待自己时要具有谦虚精神、自我批评的精神、自律性、自尊心等。除了对待现实的态度方面，在行为方式方面，羽毛球运动要求运动员具备群体意识、与他人合作的精神、丰富的学识、较强的理智性、稳定的情绪、独立性、积极性、自律性，同时要求运动员具备得体的行为、自立自强的精神、勇敢果断的品质和较强的攻击性等。

（三）羽毛球运动员心理能力的检测

羽毛球运动员心理能力的检测就是指运用心理学的技术和方法对运动员的心理能力进行测量与评定。

为什么一定要对运动员的心理能力进行检测？自然是因为检测的意义

巨大。具体表现在这样几个方面：根据对运动员心理能力检测的结果，可以有效预测运动员未来运动的表现和效果；对运动员的心理能力进行检测，可以充分了解运动员的个性特征，进而因材施教，实施科学的定向训练，获得最优化的训练过程和效果；对运动员的心理能力进行检测和训练，能够深度挖掘运动员的内在潜力，并使这种潜力得到最大限度的发挥，进而高效完成训练或取得优异比赛成绩。

1. 心理能力检测的内容

在科学训练和运动竞赛中对运动员心理能力的检测，通常包含以下几个方面。

其一，常规且长期的心理能力检测，具体包括运动员最初参与羽毛球运动时的心理能力检测，年度、季度和不同时期的能力检测，个别的运动能力的检测等。

其二，训练过程中的心理能力检测，具体包括不同训练阶段中的心理能力检测、训练效果的心理能力检测和训练过程中综合的心理能力检测。

其三，竞赛时的心理能力检测，具体包括竞赛前的心理能力检测和竞赛后的心理能力检测。

在对运动员的心理能力进行检测时，应当根据运动员参与训练或者竞赛的客观过程，依据客观化的指标，对运动员心理能力的形成、发展和变化等进行客观评定和比较。这种比较包含两个方面，一是自身比较，即运动员不同时间、不同条件下心理能力的比较，二是与其他运动员心理能力的比较。

2. 心理能力检测的指标与方法

在对运动员的心理能力进行检测时，要依据一定的指标和方法，这对于检测而言十分重要。但这种指标和方法并不固定，会因人、因时、因条件而异。下面通过表 2-5 来了解一下羽毛球运动员心理能力检测的指标与方法。

表 2-5　羽毛球运动员心理能力检测的指标与方法

类型	具体内容
心理实验检测的指标与方法	注意力集中与分配的检测
	反应能力的检测，包括简单与复杂反应、综合与局部反应等的检测
	运动感知觉能力的检测，包括速度感知、时空感知、用力感知等的检测
	运动表象和运动记忆的检测

类型	具体内容
心理实验检测的指标与方法	本体感知的检测，包括四肢对方位的感知、关节的灵敏度等的检测
	动作稳定性的检测
	思维能力的检测
	运动技能学习能力的检测
	身体能力的检测
	运动心理与智力的检测
生理心理检测的指标与方法	训练或竞赛的不同阶段的生理心理特点的检测，比如训练和竞赛中的心率、血压、内分泌等的检测
	疲劳与恢复的心理特点的检测
	运动状态的检测
社会心理检测的指标与方法	心理状态的检测
	心理能力的检测
	个性特征的检测
	意识倾向性的检测，包括运动动机和运动态度等的检测

第三节　竞技羽毛球训练原则与注意事项

竞技羽毛球训练绝不可任意进行，而应遵循一定的原则，这样训练才会有效。同时，在训练过程中也要注意一些特殊的事项，这样可以确保训练科学、高效、安全进行。

一、竞技羽毛球训练原则

（一）自觉性原则

自觉性原则是竞技羽毛球运动员首先应遵循的基本原则，只有在羽毛球训练中切实贯彻自觉性原则，才能更快地掌握一些高难度技术。

在教与学的过程中，教练员的教授是外因，学生自觉性的学习是内因，基于内因外因才能发挥作用。所以，羽毛球教练员必须激发学生的自觉主动性，让学生充满激情地进行练习，这样才能促使学生掌握基本的羽毛球技能，在将来的比赛中有优秀的表现。

（二）系统的不间断性原则

所谓系统的不间断性原则，是指运动员在参与羽毛球技能训练时，应系统地、不间断地进行训练，也就是说运动员不能只训练进攻技术，而忽视防守技术的训练，应进行全面训练同时不能间断，全面提高技术能力。如果缺少其中任何一项，就要加以弥补，使训练具有系统性。

为了确保训练的系统性和不间断性，教练员也应当将训练的组织形式连接起来，形成系统。现在，羽毛球训练一般都有规定的训练内容、时间和任务等，对此教练员应当认真钻研训练大纲，将各个训练有机地连接起来，为取得最佳的训练效果做准备。

（三）循序渐进原则

做任何事情都要遵循循序渐进原则，羽毛球训练也不例外。具体而言，无论是羽毛球训练的内容、方法和手段等，都应该由易到难逐步深入，即训练内容应从基础技术逐步扩展到综合战术，教学方法由基础到多元，教学手段由简单到复杂，循序渐进，层层深入。

（四）周期性原则

羽毛球训练的内容、方法和手段等在长期的训练过程中并不是一直在更新，而是会反复使用，尤其是一些有效的内容、方法和手段，会在训练过程中重复使用。所以，在羽毛球运动的训练过程中，教练员应遵循周期性原则，使运动员在这种周而复始的训练中不断使用，逐步提升技能。

（五）适时恢复原则

适时恢复原则是羽毛球训练中不可或缺的一项原则，具体是指消除运动员的运动疲劳，同时通过生物适应恢复体能，提高机体能力的一种训练原则。

羽毛球运动是一项激烈且消耗体能的运动，当运动员感到疲劳时，教练员应该按照一定的计划，适时安排恢复性训练，采用有效的方法，促使运动员快速恢复体力，同时提高身体机能。

二、竞技羽毛球训练注意事项

（一）注重长期系统科学的训练

任何成就的获得都不是一蹴而就的，都经历了漫长的历练，羽毛球训练也是如此。优异的羽毛球运动成绩都是经过多年持续的系统训练，依靠良好的身体素质和科学的技术、战术而取得的。如果训练不当，就不可能掌握和完善技术动作、发展和提高身体素质。但即使拥有了良好的身体素质和过硬的技术，如果训练总是断断续续，也会使原本所拥有的身体素质和技术逐渐消退。

羽毛球训练的目的十分明确，即发展运动员的身体素质，提高运动员的技战术，提升运动员的心理素质，而所有的这些都必须经过持续的、系统的、科学的训练才能获得。为了使羽毛球训练更具目的性、系统性和步骤性，也为了有效发展运动员的各项素质和能力，教练员在训练过程中务必要重视训练的系统性与科学性，处理好各项技术之间、训练与比赛之间、训练与身体素质之间等关系，使训练更加科学合理。

（二）掌握正确的技战术要领

如果没能掌握正确的技战术要领，那么在赛场上只会落于下风。所以，要使运动员掌握正确的、全面的技战术，从而提高运动员的竞技水平，就要严格进行竞技羽毛球训练。

具体而言，在进行羽毛球训练时，要确保基本技战术的规范性，掌握正确的技战术要领。掌握了正确的技战术要领，不仅击球时会更加有力，还能节省体能，避免运动损伤，同时能体验到动作流畅、姿势优美的良好感受。反之，如果所学习和掌握的技战术不准确，击球时就会没有力度，而且动作不规范，极易产生运动损伤。

为此，在羽毛球训练中，教练员一定要对技战术的准确性加以注意，确保运动员所学习和掌握的技战术的准确性，一旦发现运动员的动作不规范或技战术不准确，应及时提醒和纠正，同时不断改进和完善技战术，确保运动员掌握准确的技战术和不断提高技战术水平。

（三）技术训练带有战术意识

技术和战术是相辅相成、相配合的，只运用技术而不讲究战术，或者具有战术意识而没有技术，都不可能取得比赛的胜利，只有将二者相互结合，即基本技术带有战术意识，才能发挥更大威力，完成比赛任务，取得最终的胜利。

为此，教练员在羽毛球训练中不仅要让运动员掌握技术动作，而且要让运动员学会在训练或者竞赛中有效使用这些技术，也就是具有战术意识，让战术意识贯穿于技术练习的始终。具体来讲，就是让运动员明确技术的操作方法，同时掌握运用基本技术的方法，将技术训练和战术意识紧密结合、并驾齐驱，增强进攻、防守、灵活调整战术的意识，从而使训练更加高效。

切忌技术训练与实战运用相分离，只掌握了技术动作而不懂得如何在训练和比赛中实际运用，那么技术动作将无法发挥其该有的作用，在训练和比赛中也不会取得好的效果。

（四）注重兴趣的培养

众所周知，兴趣是最好的老师，兴趣是人积极行动的内在推动力，是使人保持长期注意力、自觉性、主动性的内在因素。对于羽毛球训练也是如此，兴趣也是羽毛球训练的重要因素，影响着训练的最终效果。所以，在羽毛球训练中，教练员应注意培养运动员的兴趣，让运动员愿意持续、主动、积极地进行练习。具体而言，教练员可以采用以下几种方法来培养运动员的兴趣。

首先，教练员要向运动员展示正确、规范、轻快、优美的技术动作，让运动员直观感受羽毛球运动技术，让运动员对羽毛球运动形成一个准确、良好的印象，进而提高运动员学生的兴趣，激发运动员学习的积极性。

其次，教学方法、组织形式要具有多样性，这样可以缓解训练的枯燥性，让运动员更愿意训练，让训练更有乐趣。具体而言，教练员可以安排不同水平的运动员相互练习，可以组织固定或不固定线路的练习，可以安排重复练习，让运动员集中注意力，熟练掌握技术，积极进行练习，不会因为训练枯燥单调而放弃。

第四节　竞技羽毛球训练的主要方法

竞技羽毛球训练十分讲究方法，因为只有方法得当，才能使训练有效。下面就来了解一些竞技羽毛球训练的重要方法。

一、竞技运动训练的一般方法

（一）重复训练法

重复训练法是一种常用的羽毛球训练方法，具体是指对同一动作进行多次重复练习，并且在两次（组）练习之间安排相对充分的休息时间。需要注意，在采用重复训练法时，要注意其中的休息时间，这是重复训练法的重要内容，即在单次（组）练习的负荷量、负荷强度及每两次（组）练习之间要有合理的休息时间。

（二）变换训练法

羽毛球运动训练或者比赛情况是瞬息万变的，对抗过程十分激烈，比赛过程异常复杂，这就要求运动员的神经系统十分灵活，运动技术和战术要随时变换，这样才能适应不断变换的训练和比赛情况，而这也就要求在羽毛球训练过程中采用变换训练法。

所谓变换训练法，是指对训练内容、训练形式、训练条件以及运动负荷等进行适当变换，以使运动更具趣味性、灵活性，进而激发运动员训练的积极性，培养运动员的应变能力，提高运动员的技战术水平。

具体而言，变换训练内容，可以避免运动内容的单一性，增强训练的系统性，协调发展运动员的身体素质、运动技术和运动战术。变换训练形式，可以增强训练的趣味性，使运动员愿意积极参与训练。变换运动负荷，可以使机体产生与有关运动项目相匹配的适应性，从而提高运动员承受专项比赛的能力。

（三）分解训练法

要想运动员切实掌握完整的技术动作和战术动作，就要将动作进行分解，使运动员详细了解和掌握每一个动作要领，这就需要采用分解训练法进行训练。

分解训练法就是将一套完整的技术动作或战术动作分成若干个环节，然后对这些环节分开展开训练。这种方法的优点有两个，一是可以加强技术动作和战术意识的训练，二是可以使训练更有针对性，更有效率。

需要注意，分解法有着自己的适用范围，一般适用于技术动作和战术配合过程较为复杂的、不易掌握且可以分解的情况。

（四）完整训练法

羽毛球运动训练不仅有分解训练法，还有完整训练法。完整训练法是指从技术动作或战术配合的开始到结束，不分部分和环节，完整地进行练习的训练方法。其有助于运动员认识和掌握各技术和战术各部分之间的内在联系。

（五）比赛训练法

比赛训练法也是羽毛球训练中常用的且效果显著的一种训练方法。具体而言，比赛训练法就是模拟类似或真实的比赛条件或情境，依照比赛的规则进行训练的方法。

这种训练方法有着显著的训练效果，因为竞技羽毛球运动本身就有着竞赛性质，需要运动员相互对抗，采用这种方法不仅可以使运动员了解基本的比赛规则和方式，还能让运动员有将所学习的技战术运用于实践的机会，培养应变能力，全面提升运动员的技术水平。

二、竞技羽毛球技术训练的主要方法

（一）初步掌握运动技能阶段教学训练的主要方法

在初步掌握运动技能阶段，羽毛球训练的主要任务是使运动员对运动技能形成初步的概念，并且掌握基本的运动技能，此时常采用的方法包括分解法、重复训练法和完整法。

（二）完善运动技能阶段教学训练的主要方法

在完善运动技能阶段，运动员需要在初步掌握运动技能阶段的基础上不断巩固、完善和提高，此时常采用的训练方法有重复训练法和完整法。通过此阶段的训练，运动员不仅能够更加深入地了解动作的要求和完成方法，还能培养协调身体肌肉群合理用力的作用，进而使训练达到更好的效果。

三、竞技羽毛球战术训练的主要方法

（一）固定战术训练方法

固定战术训练方法是指把几项基本技术根据战术要求组织起来，按固定线路反复练习。

在固定战术训练中，球路基本是固定的，而且要进行反复练习，能有效提升动作的连贯性和击球的质量，进而形成不同的球路。

（二）半固定战术训练方法

在固定战术训练方法的基础上又发展出了半固定战术训练方法。这种训练方法对基本的战术组合有固定的要求，但对击球路线没有固定的要求，这样可以使训练更接近于真实比赛。

（三）多人战术陪练训练法

多人战术陪练训练法，顾名思义，就是采用多人，一般是两人以上的陪练，从而增强运动员的技战术水平、攻防速度和运动负荷。

多人战术陪练训练法一般包含 5 种方式，分别是二一式前后站位陪练法、二一式左右站位陪练法、二一式对攻陪练法、一对三练习方法三二式前后站位陪练法。

（四）实战练习比赛训练法

实战练习比赛训练法就是采用类似实际比赛的方式，要求运动员运用所掌握的技战术，以计分或不计分的方式进行训练的一种方法。这种训练方法可有效训练运动员的适应能力、反应能力和灵活性。

四、羽毛球比赛制胜能力的训练方法

（一）羽毛球比赛的制胜规律

什么是制胜规律？制胜规律是指基于一定的竞赛规则，运动员在竞赛中对抗对手、战胜对手并取得优异成绩所遵循的规则。

制胜规律包含两个方面的内容：一是制胜因素，包括技战术因素、心理因素、体能因素等，这些因素对运动成绩有着直接的影响；二是制胜因素之间的内在联系。

1. 基本功决定水平层次

要想打好羽毛球，有两大基本功必须要掌握，一是手法，二是步法。基于这两大基本功，又分出来众多击球方式、各种线路的差别以及不同的步法。竞技羽毛球运动员必须掌握基本的手法和步法，才能拥有扎实的功底，并凭借扎实的功底在比赛场上和对手一决高下。

2. 得分技术特点突出决定比赛的冲击力

得分特点是指羽毛球运动员依靠什么技术手段和方式去战胜对手，如有力的进攻、稳健和全面的防守，或者两者兼有。

每一名羽毛球运动员都不能完美而精准地掌握每一个环节，但每一位运动员都有一项或几项拿手的技术，这些他们独有的技术特点，成为他们在竞赛中的制胜法宝，也是其他运动员所无法超越的，所谓"一招鲜，吃遍天"，说的就是这个道理。

3. 心理因素决定对比赛的控制力

心理因素对于任何运动的作用是不言而喻的，其在竞技羽毛球的制胜规律发挥着重要的作用。运动员在赛场上能否获胜，心理因素的稳定程度以及对心理变化的控制和调节能力发挥着关键性作用。如果运动员的心理素质比较差，对方的一个动作、逼人的气势，都可能使其心理受到冲击，进而产生无谓的失误，在关键之处丢掉获胜的机会。

具体而言，良好的心理素质应该有坚定的自信心，有强烈的求知欲，有勇敢拼搏的精神，有突破逆境的勇气。所以，在羽毛球训练中，应锻炼和培养运动员良好的心理素质，让他们不仅具有扎实的技术功底，更具有强大的心理素质，在赛场上有出色的发挥。

4. 耐力、注意力、自信心决定对胜负的控制力

竞技羽毛球运动是一项对抗性运动，是需要持续进行才能取胜的运动，其需要运动员具有极强的耐力、集中的注意力和坚定的自信心等优良品质。

竞技羽毛球运动员需要极强的耐力，在这里，耐力强调的不只有体力，还有心理对比赛的持久程度，也就是体力和心理对比赛中各种情况的承受能力。

竞技羽毛球运动员需要高度集中的注意力，也就是在比赛中达到忘我的境界，而且贯穿比赛的始终。如果在比赛时精神不能集中，那么将不能及时关注比赛中的各种状况，也将无法及时做出应对策略。

竞技羽毛球运动员还需要具有坚定的自信心，可以说自信心是羽毛球运动员的灵魂支柱。如果运动员缺乏自信心，那么他的竞技状态必然是一盘散沙，根本没有实力和对方相抗衡，一遇到困难，就会胆怯退缩，最终败下阵来。可以说，没有自信心的运动员是难以在比赛中获胜的。

5. 体能在制胜中的作用

相信体能之于竞技羽毛球运动的作用是任何人都不会怀疑的。体能指的是人体各器官系统的技能，包括力量、速度、灵敏性、耐力和柔韧性等基本身体素质以及走、跑、跳等基本活动能力。

竞技羽毛球运动需要运动员具有一定的力量、灵活的速度、持久的耐力。羽毛球运动技术细腻多样，组合活动的形式、强度和持续的时间也各不相同，但所有技战术的正常发挥都必须有足够的体能作为保证，因此体能是影响羽毛球成绩的关键因素之一。

（二）羽毛球比赛制胜能力主要训练方法

1. 狠抓得分手段、得分特点的训练

在提升羽毛球综合水平之前，首先要学习和掌握羽毛球项目的各单项技术，因为只有学好了各单项技术，才能为羽毛球技术水平的进一步提高奠定基础。而羽毛球技术水平较高的运动员，要想获得进一步发展或取得更好的成绩，那么就要狠抓得分手段，发现适合自己的单个技术，并不断锻炼，使之精化，成为自己的特征技术，也就是得分手段。

身为竞技羽毛球运动员，必须练就一两项独特技能，也就是要有自己的"绝活"，这样不仅可以丰富自己的打法，也能给对手制造压力，最终在比赛中取得优异成绩。对此，在羽毛球训练中，要根据运动员的个人特点来制定相应的训练任务和内容，进而发展运动员的特长技术，使其在比赛中发挥优势，获得胜利。

2. 比赛前的调整

我们都知道羽毛球比赛的过程十分重要，实际上比赛前阶段也不能忽视。具体而言，比赛前要适当调整，从而做到知己知彼，对症下药。通常，比赛前的调整包含以下几个方面。

（1）调整训练计划。在比赛之前，基本在前一周，需要采用各种方法使运动员对自己的球技、对比赛本身感兴趣且处于兴奋状态，一般表现为愿意积极训练，对比赛有渴望之情。同时，在赛前的训练中，要适当安排一些比赛内容，但规模不宜过大，时长不宜太长，强度不宜过大，以激发斗志为目的。

（2）调整身体状态。调整身体状态具体包含以下三个方面。

首先，要保持昂扬的斗志和求胜的欲望，这取决于运动员的身体状态的好坏，所以在训练的过程中要注意对量的掌控。

其次，要注意运动员的休息情况，只有休息得当，才能使运动员持续保持积极的斗志，在比赛中才能最大限度地发挥自身潜力。

最后，要注意对运动员心理状态的调整，即强化运动员的自信心。教练员在赛前要激发运动员的自信心，让运动员相信自己是最好的、最强的，让运动员有取得比赛胜利的决心和信心。具体来说，教练员要在比赛前的训练中锻炼运动员的特征技术，增强他们的信心；帮助运动员发现对手的劣势，在心理上造成对对手的优势；采用各种方法消除运动员心中影响比赛的杂念，让运动员全面投入比赛中；帮助运动员掌控情绪，使运动员以一种稳定的心态应对比赛。

3. 在比赛中如何掌握取胜的主动权

在比赛中掌握取胜的主动权十分重要，具体可以从以下几个方面入手。

（1）有坚定的信念，始终相信自己，强化拼搏精神，将所有的注意力和精力都放在比赛上。比赛中，可怕的不是自己技术弱，而是思想上对自己的能力产生怀疑。一旦出现这种情况，那么本身所具备的能力将无法得到发挥，潜力也得不到挖掘和发挥。当在比赛中一旦发现有自我怀疑的情况，就要及时做出调整，对自己进行心理暗示，从而调整局面，扭转局势。

（2）善于发现对手在技术上的弱点和短处，进而根据对手的比赛状况调整战略战术，让自己始终保持优势。

（3）在比赛中，无论处于领先地位还是落后地位，在心理上都要自信，占据心理优势，同时调整技术动作，获取比赛主动权。

4.比赛后的工作准备

比赛的完成并不代表比赛的结束，在比赛之后还需要对这一场比赛的情况进行总结，从而为下一次比赛做好准备。这一环节的要求很高，要求准备工作既准确又细致。

首先，要帮助运动员从技战术的角度分析取得比赛或输掉比赛的原因，让他们在清楚原因之后，在接下来的训练中反复训练得分手段，从而建立自信，发展强项，为接下来的比赛奠定良好的基础。

其次，帮助运动员分析比赛中比较薄弱的环节，促使他们在今后的训练中加强锻炼。

再次，强化心理素质，让运动员明白在比赛中无论领先还是落后，都要全身心投入，不去计较结果。

最后，培养运动员的求胜欲望，比赛结束后要多鼓励他们，让他们面对今后的每一场比赛时都精神抖擞，斗志昂扬。

第三章　竞技羽毛球训练的监控与保障

在竞技羽毛球训练中，为了提高训练效果，除了要用科学的训练理论来指导实践，还要加强对羽毛球训练过程的监控与管理，构建健全的训练保障机制。本章重点对竞技羽毛球训练的监控与保障展开研究，主要内容包括竞技羽毛球训练计划的制订与调控、优秀羽毛球运动员年度训练与参赛的科学安排、竞技羽毛球训练管理以及竞技羽毛球训练的医务监督与保障。

第一节　竞技羽毛球训练计划的制订与调控

一、竞技羽毛球大周期训练计划的制订与调控

竞技羽毛球年度大周期训练由几个阶段中周期训练组成，羽毛球教练员在训练组织中常常采用大周期训练计划。羽毛球训练具有年度性规律，这主要与季节、比赛安全等因素有关，鉴于此，年度大周期训练成为羽毛球训练计划安排的基本单位。年度训练计划的安排要以多年训练计划为依据，因为多年训练计划中规定了每一年训练的基本方向，做出了总体安排，在具体的年度训练中要服从这种安排。年度训练计划又直接对阶段训练计划、周训练计划等具体训练计划起到规定与控制的作用。

羽毛球年度训练计划的安排具有周期性，教练员依据训练规律而划分各个训练周期的基本结构，包括准备期、竞赛期和休整期，每个训练周期的安排循环往复，衔接连贯。随着运动训练理论的完善与训练经验的丰富，年度训练计划出现了越来越多的种类，其中单周期训练计划和多周期训练计划是两个基本的类型，而多周期制在羽毛球训练实践中运用较多，即在羽毛球年度训练中划分两个或两个以上的训练周期，前后周期连贯衔接，具体划分要以羽毛球运动员当年要参与的重大比赛的数量为依据，使运动员通过周期性训练而在参赛时顺利达到竞技状态高潮。

年度训练周期由两个或两个以上的大周期组成，而每个大周期训练的安排都要以一次重大羽毛球比赛为依据，在羽毛球年度训练计划中采用多

周期制使得运动员每年参加重大比赛的次数增加了，运动员每年要多次达到竞技状态高潮，在阶段性训练中形成最佳竞技状态，从而在每次比赛中都尽可能取得最佳成绩。

在竞技羽毛球运动训练中采用多周期制也不是绝对的，具体要以运动员的训练水平为依据。对于青少年羽毛球运动员，由于他们的训练水平较为有限，而多周期训练具有密度大、负荷刺激强的特点，所以不适合青少年运动员，此时就应该采取单周期制，训练负荷逐步提高，使青少年羽毛球运动员的训练水平和竞技能力在循序渐进中不断提升。

（一）年度训练计划的内容

1. 上一年度训练总结

年度训练总结包括如下内容。

（1）阐述运动员参加各项比赛的情况。

（2）分析运动员竞技能力指标的完成情况。

（3）分析运动员成绩指标的完成情况。

（4）描述运动员体质和运动伤病情况。

（5）总结成功经验，指出主要存在的问题。

2. 本年度训练安排

年度训练计划安排主要从下列几方面的内容展开。

（1）提出本年度训练目标、训练任务。

（2）明确各项竞技能力指标的标准。

（3）明确训练内容和各项内容的比例。

（4）划分两个或两个以上的训练周期，明确各个训练阶段的目标和任务。

（5）安排各个周期的训练负荷。

（6）根据参赛时间安排赛前训练，做好准备工作。

（7）在不同周期安排相应的身体机能测定和医务监督。

（8）指出训练成绩测评指标与方法。

（二）年度周期性训练的结构划分与训练安排

年度训练由两个或两个以上的阶段训练也就是中周期训练组成，每个训练周期都可以划分为下列三个部分，每个部分的训练安排有所不同。

1. 准备期

在中周期训练的准备阶段，主要训练任务是促进运动员竞技状态的初步形成，为下一阶段的训练奠定基础。在整个训练周期中，准备期作为第一个阶段，对后面的训练具有决定性影响，因此要特别重视一年中的夏训和冬训。准备期包括一般准备期（第一阶段）和专门准备期（第二阶段）两个部分，但因为第二周期的准备期也就是夏训的时间并不长，所以可不对一般准备期做专门的安排，将重点放在专门准备阶段。

若根据需要而安排一般准备阶段，那么要注意在该阶段进行全面的运动素质训练，促进运动员身体机能水平的提高，为羽毛球技战术训练等专项需要打好基础，为竞技状态的形成做好铺垫。

专门准备阶段要通过训练使运动员的竞技状态初步形成，这个阶段的训练应该与羽毛球专项特点结合起来，以专项体能训练为主，同时促进技战术能力的改进和心理能力的提升。这个阶段为了将运动员的竞技状态激发出来，可安排比赛，但要注意对运动量和强度的控制。

在年度训练中，不同阶段的准备期的时间长短和负荷特点不同，一般第一阶段的准备期至少三个月，要循序渐进增加负荷，具体以增加运动量为主；第二阶段不超过两个月，要逐渐减少运动量，同时增加运动强度，从而逐步提高竞技状态水平。

2. 竞赛期

竞赛期要使运动员已掌握的羽毛球技战术在比赛中得到检验和巩固，要促进运动员专项知识的深化和运动思维能力的提升，同时培养运动员的自信心和应变能力，这个训练阶段最重要的任务就是使运动员以最佳竞技状态参加比赛。

竞赛期训练负荷的安排要围绕竞赛需要而进行，减少负荷总量，慢慢趋于稳定，不断提高训练强度直至最大强度，与比赛强度接近或相同，使运动员形成最佳竞技状态。竞赛期的训练具有测验性和比赛性，只有结合比赛需要来安排训练内容和方法，才能使运动员顺利达到最佳竞技状态。为了使运动员达到竞技状态的高潮，在这个阶段一般要安排七八次比赛性质的特殊训练。

3. 休整期

竞赛期的训练和比赛都是强度很大的，运动员经过这个阶段后往往处于疲劳状态，所以要通过一段时间的休整来消除身心疲劳，恢复能量，为下一周期的训练打好身体基础。因此休整期的训练要以调整和恢复为主。

（三）年度训练的调控

在年度大周期训练计划的安排中，要注意从下列几方面进行调控。

（1）从训练开始到运动员参加重要比赛，这个过程中训练负荷的安排应该是连续不断的，有节奏地增加。

（2）训练强度循序增加，逐渐减少训练量或保持一定的训练量。

（3）训练内容从一般向专项过渡，将二者有机结合起来。

（4）训练方法、手段从简单到复杂，从单一到多元，从一般到专项。

（5）年度训练结束时必须要有一个休整期，以疲劳恢复为主。

二、全面提高阶段训练计划的制订

（一）训练要求

全面提高阶段的训练以促进专项竞技能力的全面提高与发展为主要目标和任务，使运动员达到竞技状态的高潮，形成与保持最佳竞技状态。

全面提高阶段的训练要求如下。

1. 身心素质训练要求

（1）身体素质训练要求

第一，将一般训练和专项训练有机结合起来，以一般训练为基础，专项训练为重点，专项身体训练的比例要逐步增加。

第二，抓住各项身体素质发展的敏感期进行专项训练，尤其是力量素质、速度素质、速度耐力等身体素质的训练。

（2）心理素质训练要求

重视心理素质训练，重点培养羽毛球运动员的"球感"，使运动员掌握好击球点，控制好击球弧度和球的落点。同时要注重培育运动员的意志品质，健全运动员的个性心理，提升运动员在比赛中的灵活应变能力和心理自控能力，主动克服心理障碍。

2. 技战术训练要求

（1）技术训练要求

第一，全面掌握各项技术，能够准确而快速地完成各项技术，并能连贯运用多项技术，灵活选用需要的技术，在特殊情况下具备灵活发挥技术的能力。

第二，在将所有羽毛球技术全面掌握的基础上重点训练特长技术，形成个人风格打法，提升竞争优势。

（2）战术训练要求

第一，全面掌握各项战术，对战术意识进行培养，提升运动员合理选用战术的意识与能力。

第二，从运动员个人实际出发提高训练的针对性，促进个人风格与特色的形成，在战术能力上形成优势。

第三，双打战术的训练要强调配合的重要性，提高运动员的合作意识、协作能力。

（二）训练方法

全面提高阶段要以全面训练为主，因此训练内容必须全面，包括身心训练、技战术训练，加强综合训练。各项训练内容的训练方法与手段要各有侧重，围绕训练目标和任务而实施训练方法。

1. 身心素质训练方法

（1）体能训练方法

结合羽毛球专项特点而加强专项体能训练，处于敏感期的身体素质训练是重中之重。在打好一般身体素质基础的前提下增加专项体能训练，采用多元化训练方法，如重复训练、变换训练、间歇训练以及体能与技能结合训练等。

（2）心理素质训练方法

重点培养运动员的意志品质，加强赛期心理训练，具体方法如下。

第一，通过责任感教育培养羽毛球运动员正确的世界观，通过理想教育培养运动员勤奋努力、克服困难的品质。

第二，培养运动员遵守规则和制度的正确态度和良好习惯，培养运动员的自信心，使其在训练中承受大负荷量的能力得到提升。

第三，引导运动员主动评定自己的优缺点，鼓励自己，监督自己的言行，学会对自我训练的效果进行预测，明确自我发展的目的，养成自我磨炼意志的良好习惯。

第四，从不同运动员的个性特征出发安排训练，引导运动员克服不良心理状态，形成与保持良好的个性心理特征。

在全面提高阶段要注意以赛代练，比赛训练法的比例不断增加，加强赛前和赛中心理训练与调整，使运动员在比赛中发挥正常水平。

2. 技能训练方法

（1）安排球路组合练习，以综合性练习为主，循序渐进增加难度，从而对运动员的个人打法风格进行培养。

（2）强调运动员在移动练习中熟练掌握和准确运用技术，不断增加练习难度，使运动员灵活运用各项技术的能力得到提升。

（3）将技术训练和战术训练结合起来，使运动员能够连贯使用多项技术，并能实现从技术到战术或从战术到技术的灵活转化，同时也要注重培养运动员的战术意识与应变能力。

（4）在保证运动员将所有技战术全面掌握的基础上对其特长技术和个人风格进行培养，并根据运动员在比赛中暴露出来的缺陷而进行专门的弱势技术的训练，以全面提高运动员的技术能力。

（三）比赛安排

根据运动员的训练水平和综合竞技能力水平安排其参加不同类型的比赛，如对抗赛、邀请赛和高水平正规比赛，达到以赛代练的效果，从运动员在比赛中的表现来发现问题，以明确后面训练的重点。适当安排比赛可丰富运动员的比赛经验，为培养运动员的临场反应能力提供良好的机会。

第二节 优秀羽毛球运动员年度训练与参赛的科学安排

一、优秀羽毛球运动员年度训练的安排

随着竞技体育发展水平的不断提高，不管是哪个项目，都应该与专项竞技特征紧密结合来安排运动员的年度训练，将专项特征突显出来。有些项目的优秀运动员年度训练安排存在一些共性，如训练分期适应参赛需要，有针对性地安排训练内容以及适当增加年度参赛次数和加大参赛密度等。这些共性特征在优秀羽毛球运动员的年度训练安排中能够充分体现出来。

（一）训练分期适应参赛需要

为优秀羽毛球运动员制订年度专项训练方案，主要是对运动员在各个时期的训练内容、训练方法进行科学规划，而对年度训练计划进行制订的前提是科学进行训练分期，合理划分训练周期，如果做不到这一点，那么很难对年度训练进行统筹安排，也难以保证运动员经过训练提升竞技能力与比赛成绩，如果安排不合理，还会引起过度疲劳、运动损伤。所以，羽毛球运动队对优秀运动员的年度训练安排、训练周期划分非常重视。

竞技羽毛球水平的不断提高，特别是羽毛球比赛强度的增加对羽毛球运动员年度训练分期的安排提出了更高的要求，必须依据比赛需要而不断优化训练周期。随着羽毛球赛制的更新，羽毛球比赛呈现出数量增加、参赛密度较大、消耗更多能量等特征，因此必须根据这些特征有针对性地调整运动员的训练计划、比赛安排以及恢复方案，对年度训练的周期划分及各阶段的训练安排要更加灵活，贴合比赛实际，符合专项特征，从而使运

动员形成与保持良好竞技状态，不断提升竞技能力。

为了适应年度参赛的需求和赛事增多的特征，优秀羽毛球运动员的年度训练安排以中周期和小周期为主，高水平运动员不仅要像普通运动员一样进行以中周期为主的训练，还要结合自己所要参加的重大赛事的举办日程来进行短周期训练，从而尽可能以最佳竞技状态去参加比赛。

（二）训练内容更有针对性

随着专项羽毛球赛事的增加，优秀运动员年度训练中的集训时间所占比例有所下降，但不能因为这个原因而影响训练成效，所以要特别强调训练效率和效果，而且要运用比赛训练的时间来从根本上提高训练成绩和参赛能力。羽毛球运动员在一年中的集训与比赛训练应该有机结合，从而跟随羽毛球赛事节奏的变化来不断提升优秀运动员的竞技水平。

此外，高水平羽毛球运动员在年度训练中必须增加针对性训练的内容，主要是针对强劲对手的情况和根据参赛需要来突出训练的针对性、侧重性，争取通过针对性训练而在赛场上战胜对手，取得胜利。在优秀羽毛球运动员的针对性训练中，尤其是在比赛训练期间安排具有针对性的训练内容时，要特别重视特长技战术的训练和针对对手的专门技战术训练，这种针对性训练的内容所占的比例应有所增加，同时也要在赛前占用一定的时间来对即将交锋的对手进行全面分析，从而做到心里有数，尽可能通过针对性训练提高以己之长攻彼之短的能力。总之，优秀羽毛球年度训练内容的安排必须突出针对性、实战性。

（三）具有现代性

作为我国的传统优势项目，羽毛球运动的竞技水平越来越高，专项竞技特征越来越突出，对此，羽毛球教练员需要结合羽毛球发展的新特征和新趋势来安排优秀羽毛球运动员的年度训练规划，体现出年度训练的现代特征。促进优秀运动员竞技能力的进一步提升，使其在比赛中获胜，这是羽毛球训练的直接目标，所以必须基于年度重要比赛的安排来开展年度训练，同时要结合竞技羽毛球的新特征及羽毛球运动员自身的竞技状态来系统实施计划内容。

在现代羽毛球年度训练安排中，要特别重视羽毛球的专项特点和比赛特点，也就是竞技能力特点和供能特点，不管是羽毛球训练，还是羽毛球比赛，始终都以运动员竞技能力的发展与发挥为中心而展开。现代竞技羽毛球的发展强调运动员要拥有整体性的竞技能力，全面提高各项竞技能力，并使体能、技战术、心智能等各项要素相互作用，相互促进，协同发展。现代羽毛球比赛的节奏越来越快，每个回合所用的时间越来越多，两个回合之间只有很短的间歇时间，运动员必须要适应这种高强度比赛，并具备自我恢复的能力，这样才能应对比赛，坚持完成比赛，取得优异成绩。这便对优秀运动员的综合竞技能力提出了很高的要求，即在全面提高各项竞技能力的基础上掌握快速多变的羽毛球打法，形成自己的技战术风格，克敌制胜。

优秀羽毛球运动员既要参加全队统一的系统集训，又要参加赛间训练，在年度训练计划中要充分衔接中周期和小周期训练，不断调整与优化训练结构，将系统的中周期训练、专门的比赛小周期训练以及正式参赛等各个部分协调好，处理好相互关系。在参加完一个站的比赛后，及时发现问题，总结经验，吸取教训，对竞技状态进行调整，促进恢复，为下一站的比赛做好全面准备。

二、优秀羽毛球运动员年度比赛的安排

（一）比赛数量相对增加

体育运动发展中，各项目为了使大众不断提升的观赏需求得到满足，因而不断提升项目的竞技水平和比赛水平，使竞技比赛更有观赏性。为了发展竞技比赛，各项目设置的专门比赛越来越多，竞技体育比赛的观赏性是由参赛运动员的竞技水平所决定的，只有运动员竞技能力强，参赛水平高，才能使比赛过程更激烈，比赛结果更有悬念，如此便增加了比赛的观赏性。为了适应与满足人们观赏高水平比赛的社会需求，体育项目的专项赛制不断调整与优化，年度竞赛安排的标准也越来越严格，而且年度比赛的数量较之前有所增加。竞技羽毛球同样具有这个特征，年度羽毛球比赛的增多使得优秀羽毛球运动员参加的比赛更多，只有多参赛，积分才会逐渐累积，从而提升国际排名，使优秀运动员在国内外的社会知名度和影响力更大。为了适应参赛需要，优秀羽毛球运动员在赛前的训练时间必须充足。一些重大羽毛球赛事的举办时间比较集中，从而增加了比赛密度，运动员在赛期时间段必须加强训练，以小周期训练为主。

（二）比赛的序列安排

在竞技体育比赛的发展中，竞赛安排具有很强的操作性，对竞赛理念和指导思想的贯彻是否积极，对竞赛设置的战略构想是否准确理解，对竞赛过程与竞赛目标的关系是否有正确的把握，这些都直接反映在比赛安排中，或者说比赛安排对这些有直接的影响。国际性的羽毛球年度比赛有

不同的类型与级别，如广为人知的世锦赛、超级赛、大奖赛等。此外很多国家也设置了国内比赛，形式各异，有级别之分。对高水平羽毛球运动员来说，世界性的高水平比赛更重要，他们在世界上的排名直接由参加国际重大比赛的成绩所决定，因此他们全力以赴参加这些比赛，而至于国内比赛，他们一般用以赛代练的态度来参加。

世界羽毛球联合会对年度比赛规划特别重视，不断优化对年度比赛的安排，吸引世界各国的优秀羽毛球运动员参加，促进比赛效益的提升。以2015年世界羽毛球联合会设置的比赛来看，前五级比赛从高到低排名以及年度设置的站数依次是世界锦标赛（1站）、世界羽联超级联赛总决赛（1站）和首要超级赛（5站）、超级赛（7站）、黄金大奖赛（14站）、大奖赛（8站），见表3-1。

表3-1 2015年国际羽联主办的羽毛球赛事（前五级）❶

级别	名称	站数（数量）
一级	世锦赛（奥运会）	1
二级	羽联总决赛 首要超级赛	1 5
三级	超级赛	7
四级	黄金大奖赛	14
五级	大奖赛	8

从上表来看，除了第五级别的大奖赛外，前四个级别的赛事呈现出级别与赛事数量成反比的特征，其中第四级别黄金大奖赛的数量最多，之所以设置这么多 站比赛，主要是为了将更多的参赛机会提供给年轻选手，并满足羽毛球爱好者的观赏需求。

羽毛球训练和比赛密切联系，相互影响，相辅相成。羽毛球训练的目的是促进运动员竞技能力的有序提升，使其具备良好的参赛能力，在比赛中有很好的发挥，取得优异的成绩。羽毛球比赛对运动员的成长和发展具有重要作用，通过比赛可以促进运动员竞技能力的提高，对其训练效果进行评价和检验，并能从中发现问题，为后面的训练提供参考，以便更科学合理地安排各个训练周期的训练内容与方法。此外，运动员在训练中形成的竞技能力要在比赛中充分发挥出来才能转化为可量化的实实在在的成

❶ 徐刚等. 现代羽毛球专项竞赛体系与训练参赛机制 [M].北京：北京体育大学出版社，2016.

绩，才能让人看到运动员的实力。鉴于羽毛球训练与比赛密不可分，相互促进，因此必须将羽毛球运动员训练和参赛的关系处理好，促进优秀羽毛球选手取得进一步的突破和更好的成就。

第三节　竞技羽毛球训练管理

一、训练资源管理

（一）物力资源管理

羽毛球训练的物力资源管理主要指对羽毛球训练场馆和训练器材的管理。对羽毛球场馆的管理主要从卫生、安全等方面着手。此外，近年来场馆的信息化管理也受到了一定的重视。信息化管理是提高场馆网络化运营服务水平、丰富运动训练服务内容、实现场馆综合服务目标的重要途径。做好信息化管理工作，可推动羽毛球场馆的可持续运用，更好地为运动员训练而服务。

羽毛球训练器材是羽毛球一般与专项训练中所使用的各种器械、装备及用品的总称。在羽毛球训练器材的管理中，要重点加强对羽毛球拍的管理。

（二）财力资源管理

羽毛球训练的财力资源管理主要包括训练经费的筹集管理和支出管理。一般来说，训练经费的筹措路径主要包括国家财政拨款、社会筹集、体育产业创收。训练经费支出主要包括训练耗材的支出、训练补助、训练服的支出、日常生活费用、教练员报酬、科研经费支出等。做好筹措与支出管理，提高资金运用效率，为羽毛球训练提供基本保障。

（三）人力资源管理

羽毛球训练的人力资源管理主要包括教练员管理、运动员管理和相关工作人员管理，其中最重要的就是对运动员的管理，具体包括选材管理、思想教育管理、文化学习管理、生活管理、训练管理和参赛管理等，这些管理内容缺一不可。而对于其他人员的管理，主要从人力资源规划、人员招聘与选拔、薪酬管理、培训与开发、绩效考评等这些方面着手。

二、训练过程与质量管理

（一）训练过程管理

羽毛球训练是一个科学化的过程，在羽毛球运动员的成长成才过程中，需要运用科学训练管理机制对整个培养与训练过程进行控制（如图3-1所示）。

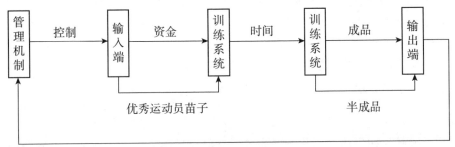

图 3-1　羽毛球训练管理 ❶

羽毛球运动员培养与训练的过程具体包括选材、科学诊断、制定目标、制订计划、按计划实施训练、评估训练效果等环节。对各环节都要加强监控与管理，明确不同阶段的管理任务，努力实现各阶段的培养与训练目标，进而实现终极目标，即培养优秀的运动员人才，提高运动员的竞技能力。

（二）训练质量管理

训练质量管理指的是为了保证达到规定的质量标准而采取一系列措施、手段和方法进行管理的活动。训练质量的标准是训练质量监控的依据。训练质量标准是训练计划、训练指标、训练方法、训练手段、负荷安排等内容质量标准的综合体。对羽毛球训练质量进行监控与管理，要科学选择监控与管理方法，监控方法要能客观反映羽毛球运动员竞技能力各因素的相互关系，要能基本判别训练程度与性质，能发现训练过程中的问题，从而通过干预来达到预期效果。❷

---

❶ 刘青.运动训练管理教程［M］.北京：人民体育出版社，2007.

❷ 杨桦，李宗浩，池建.运动训练学导论［M］.北京：北京体育大学出版社，2007.

第四节　竞技羽毛球训练的医务监督与保障

一、定期体格检查

在竞技羽毛球后备人才选拔培养或竞技羽毛球运动员训练的过程中，都要注重体格检查，将体格检查结果记录在运动员健康档案中，对运动员的身体健康状况有所了解，并根据训练后身体机能和运动素质的变化来判断训练是否科学合理，并为之后的训练提供现实依据，提高训练的针对性。

羽毛球运动员体格检查包括下列几种类型。

（一）初查

年轻羽毛球选手入队后，在进行系统训练前要先全面检查身体，以便了解其最初身体健康状况，为其建立健康档案。羽毛球教练员要参考初查结果为新入队的羽毛球运动员制订恰当的训练方案、确立合适的训练目标、选择科学有效的训练方法。

（二）复查

复查应该是在训练一段时间后进行，通过复查了解运动员经过训练后身体方面有哪些变化，训练效果是否达到预期。一般在每个训练周期结束时进行复查，教练员要以复查结果为依据进行训练计划的调整、训练方法的改进以及训练内容的取舍。

（三）补充检查

补充检查一般针对的是即将参加重大比赛的运动员，此外，发生运动伤病后经过长期休息，身体已经恢复的运动员在重新投入训练前要进行补充检查，检查内容包括身体形态检查、身体机能检查、身体素质检查、心理测定以及相关医学检查等。

二、运动损伤的防治

（一）羽毛球运动损伤基本理论

1.羽毛球运动损伤的概念

在羽毛球运动过程中发生的所有损伤或因羽毛球运动相关因素而造成的一切损伤就是所谓的羽毛球运动损伤。羽毛球运动损伤是运动损伤中的一种类型，它的发生与羽毛球专项特征、羽毛球训练、羽毛球比赛、羽毛球发展环境、羽毛球动作等因素的关系极为密切。

在羽毛球运动训练中，要做好损伤预防工作，一旦发生运动损伤，要及时治疗，不能拖延，防止小损伤成为严重损伤，此外要将训练与损伤治疗结合起来，促进运动康复。

2. 羽毛球运动损伤的特点

（1）发生场合特点

在羽毛球损伤事件中，有将近80%的运动损伤是发生在羽毛球训练中的，既有急性损伤，也有慢性损伤，比较多见的是后者，特别是劳损。有大约16%的运动损伤发生在羽毛球比赛中，主要是急性损伤，以关节韧带扭伤和肌肉拉伤较为常见，其余运动损伤主要发生在其他羽毛球活动中，如羽毛球教学、羽毛球健身锻炼等。

（2）发生部位特点

从羽毛球常见运动损伤的发生部位来看，羽毛球运动员下肢部位容易发生运动损伤，因此下肢运动损伤是羽毛球运动损伤的主体，最常见的是膝关节损伤，踝关节损伤、足部损伤、小腿损伤、大腿损伤依次排在膝关节损伤之后。

上肢部位损伤的发生率仅次于下肢部位，最常见的是肩部损伤，肘关节损伤排在其后。

躯干部位损伤的发生率排在上肢部位之后，以腰部损伤与髋部损伤最为多见。

羽毛球运动员身体各部位损伤发生率见表3-2。

表3-2　羽毛球运动损伤的发生率（总计143例）❶

身体部位		损伤数	发生率（%）
上肢	肩部	20	14.0
	肘部	10	7.0
	腕部	4	2.8
	小计	34	23.8
下肢	大腿	10	7.0
	膝关节	27	18.9

❶ 郑超. 羽毛球教程［M］.北京：北京交通大学出版社，2010.

身体部位		损伤数	发生率（%）
下肢	小腿	12	8.4
	踝关节	23	16.1
	足	13	9.1
	小计	85	59.5
躯干	背	1	0.7
	腰	23	16.1
	小计	24	16.8

（3）性质特点

①损伤的程度特点

羽毛球运动损伤中，从损伤程度来看，多为中轻度损伤，患有慢性劳损的运动员很多都会坚持训练。骨折、韧带断裂、半月板撕裂等重度运动损伤较少出现在羽毛球运动中。

②损伤的组织结构和种类特点

从损伤的组织结构来看，肌肉、肌腱、韧带、筋膜等软组织的损伤和软骨损伤在羽毛球运动中较为常见，很少有内脏器官损伤或骨组织本身发生损伤如骨折的情况。在软组织损伤中，比较常见的是肌肉组织损伤，其次是软骨损伤，最后是韧带和关节囊损伤。

羽毛球运动损伤的常见种类及分布见表3-3。

表3-3　羽毛球运动损伤种类 ❶

身体部位	损伤种类
肩	肩袖和冈上肌筋膜炎
	肱二头肌长头肌腱鞘炎
肘	肘内侧软组织损伤
	网球肘
	肱二头肌远端拉伤
腕	三角纤维软骨盘损伤

---

❶ 郑超.羽毛球教程［M］.北京：北京交通大学出版社，2010.

续表

身体部位	损伤种类
躯干	腰部筋膜损伤
	腰背部肌肉拉伤
	腰间盘上韧带损伤
	椎间盘髓核突出症
大腿	内收肌群拉伤
	大腿后群肌拉伤
	坐骨结节末端病
膝	髌骨劳损
	半月板与前副韧带损伤
	胫骨结节骨质损伤
	髌前软组织挫伤
小腿	胫骨疲劳性骨膜炎
	跟腱损伤
	腓骨下端骨折
足	跖趾、跖骰关节扭伤
	跖腱膜和足底肌筋膜损伤
	跟骨部软组织挫伤
	副舟骨损伤
踝	踝关节韧带扭伤
	踝关节创伤性滑膜炎
	胫后与屈拇长肌腱腱鞘炎

③损伤的病程发展特点

羽毛球运动损伤多为慢性损伤，急性损伤较少。但重度损伤中多为急性损伤。通常运动水平较低的运动员容易出现急性损伤，而训练年限多、经验丰富、竞技水平高的运动员很少发生急性损伤，而是以慢性劳损为主。

3. 羽毛球运动损伤的基本原因

羽毛球运动损伤发生的原因有很多，常见原因及其比例的统计见表3-4。

表3-4　羽毛球运动损伤常见发生原因 ❶

损伤原因	损伤部位									总计
	肩	肘	腕	腰	大腿	小腿	膝	足	踝	
疲劳和身体不佳	1	0	0	2	4	0	0	2	1	10
场地不良	0	0	0	0	1	1	1	3	6	12
准备活动有问题	4	0	3	2	3	0	0	1	1	14
局部负荷量过大	9	3	0	9	0	9	18	4	8	60
肌肉力量不足	3	3	0	1	0	2	5	0	2	16
技术动作错误	3	4	0	5	2	0	1	0	1	16
原因不清楚	0	0	0	3	0	0	2	3	0	8
其他	0	0	1	2	0	0	0	0	4	7
总计	20	10	4	24	10	12	27	13	23	143

（二）羽毛球运动损伤的预防

在羽毛球运动训练中，要注意安全第一，做好全面准备，防止发生运动损伤。羽毛球运动损伤的预防应从以下几方面着手。

1. 提升自我保护意识

培养羽毛球运动员的自我保护意识，向羽毛球运动员传授自我保护的基本措施，提升其自我保护能力。

2. 准备活动应充分

准备活动不充分是羽毛球运动员在训练中发生运动损伤的常见原因之

---

❶ 郑超．羽毛球教程［M］．北京：北京交通大学出版社，2010.

一，因此羽毛球运动员在正式训练前要做好充分的准备活动，即预热，这样可以有效预防运动损伤。

羽毛球运动员在热身准备中要活动四肢、头颈部和躯干等各个部位，并进行适当的慢跑热身，活跃身体血液，使运动时的血液供应得到满足，为有氧运动奠定良好的基础。另外，运动员做好充分的准备活动还有助于使神经系统的兴奋性、灵活性得到提升，提高平衡与协调能力，使失衡性损伤的发生得到预防。

3. 规范秩序

在羽毛球训练中，如果训练无序，状态混乱，那么运动员很难集中注意力训练，这就增加了受伤的风险，所以必须加强对羽毛球训练秩序和训练环境的管理，营造良好的训练环境与氛围，使运动员集中注意力训练，并自觉遵守运动规则和训练制度。

4. 保护特殊部位

羽毛球运动员在比赛或训练中比较容易受伤的部位是手腕部、膝关节和踝部，因此在训练中要特别注意对这些部位的保护，必要时将保护装置佩戴在容易受伤的部位，以预防损伤或减轻受伤程度。

5. 伤后及时处理

羽毛球运动员发生运动损伤后要及时处理，待完全康复后再恢复训练，如果旧伤未好就训练，很容易出现新伤或使加重旧伤，因此必须保证运动员训练前身体情况良好。

6. 其他

除了以上几种预防措施外，还要注意加强运动卫生监督，优化训练环境，改善训练条件，预防运动疲劳，这些都是预防运动损伤发生的关键。

（三）羽毛球训练中常见损伤及防治

1. 擦伤

（1）简述

擦伤属于开放性损伤，常见于皮肤表层。羽毛球运动员因重心不稳摔倒后，皮肤与地面摩擦，从而容易造成擦伤。

（2）处理

①如果伤口小，只是皮肤表层有症状，没有异物附着在擦伤部位，那么需先用生理盐水进行消毒处理，然后将红药水涂抹在患处。

②如果伤口大，伤处附着异物，容易感染，这种情况下进行冲洗消毒

后要清除异物，然后用纱布覆盖伤口，再用绷带包扎起来。

③如果患处严重污染，必须由专业医务工作者进行清理，再服用抗菌药，必要时需打破伤风针。

需要注意的事，暴露治疗方法不适用于擦伤，否则会引起伤口干裂，从而影响康复。

（3）预防

在平坦无障碍的场地集中注意力训练，训练前做好充分的准备活动，提高身体协调性和平衡性。

2. 肩关节损伤

（1）简述

羽毛球运动员在训练中如果肩部承受过重负担或高手位击球动作不当，则很容易发生肩关节损伤，不小心摔倒时也可能发生肩关节损伤，如肩关节脱位。肩关节损伤的症状为挥拍时肩关节疼痛感明显，不能发力。

（2）处理

对于急性肩关节损伤，首先冷敷患处，时间大约 20 分钟，然后包扎处理，减少受伤部位的活动，包扎一天后受伤手臂轻微活动，时间不宜过长，随着不断地恢复，训练时间逐渐延长，直至完全恢复后再进行正常训练。

（3）预防

在日常训练中加强肩部力量训练，用杠铃进行推举、卧推等练习，在单杠上做引体向上动作，或在肘部放上重量物品，手臂体侧平举，持续 2 分钟，然后休息 15 秒继续练习，重复若干次。间歇时间要通过正压肩、反拉肩和肩部绕环等练习来达到放松的动作。另外，也要加强肩部柔韧练习，提高肩关节的柔韧性，避免因肩部僵硬，不能充分挥拍击球而受伤。

3. 肘关节损伤

（1）简述

局部负担过重与技术动作不规范是造成肘关节损伤的主要原因，症状为静止状态下无感觉，活动状态尤其是运动状态下感觉疼痛，无法用力击球，活动范围有限。

（2）处理

对于急性肘关节损伤的处理，立即局部冷敷，然后加压包扎，屈肘 90° 使用三角巾悬吊固定。伤后 24 小时外敷新伤药，并配合按摩疗法。

（3）预防

①做好准备活动，将各关节充分打开。

②将拍柄加粗，减轻握拍时肘部肌肉承受的负担。

③加强手臂力量练习

④必要时在训练中佩戴护肘。

4.踝关节损伤

（1）简述

羽毛球运动员在训练中，踝关节活动次数非常多，常见于全场移动、起跳等下肢活动中，踝关节大量活动增加了受伤的风险。当运动员存在起跳失误、落地时支撑不稳定、缺乏准备活动、技术不规范等问题时，踝关节很容易受伤。

（2）处理

踝关节扭伤后，要立即停止运动，不要揉搓伤处，不能在对伤情缺乏正确判断和诊断的情况下盲目冲洗、冰敷，更不能盲目用药、包扎，如果没有科学根据而只根据仅有的经验盲目处理，很容易给正规治疗造成阻碍，影响康复，使患者错过最佳治疗时机。

正确的做法是，伤后用拇指压迫痛点止血。如果受伤严重，则在紧急处理后立即送医治疗。在痊愈之前不要擅自恢复训练。

（3）预防

①做好准备活动，增强身体机能。

②提高自我保护水平，循序渐进增加运动强度。

③合理安排运动量，避免过度疲劳。

第四章　竞技羽毛球技术训练

　　竞技羽毛球运动的对抗性非常强，羽毛球比赛充满激烈的对抗与竞争，而良好的技术是羽毛球运动员在比赛中取胜的关键，其中良好的击球技术更是关键的关键。优秀的羽毛球运动员必须将各种技术尤其是实用击球技术准确而全面地掌握好，达到"快、准、狠、活"的标准，如此才能增加比赛获胜的概率。优秀运动员高超的技术能力是在科学而系统的训练中实现的，是长期坚持不懈进行专项训练的结果，因此必须高度重视羽毛球技术训练。本章主要对竞技羽毛球技术训练的内容及方法展开研究，涉及羽毛球握拍、场上步法、发球与接发球以及击球等各项技术。此外还对羽毛球技术的游戏训练方法及创新训练进行了研究，以提高训练的趣味性和创造性。

第一节　竞技羽毛球握拍技术及训练

一、握拍技术动作方法

（一）正手握拍

　　左手握在球拍中杆位置，使拍框垂直地面。右手张开，使虎口与拍柄斜棱上的第二条棱线相对，然后就像握手一样将拍柄握住，拇指和食指在拍柄两侧的宽面上轻贴，其余三指将拍柄自然握住，五指与拍柄呈斜形（如图 4-1 所示）。

（二）反手握拍

　　做好正手握拍动作，稍微将拍柄向外旋，拇指上提，拇指内侧顶贴在拍柄第一斜棱旁的宽面上，也可将大拇指放在第一、二斜棱之间的小窄面上，食指稍微向下靠，其余三指紧握拍柄，同时拇指前顶发力击球（如图4-2所示）。

图 4-1　正手握拍 ❶

图 4-2　反手握拍

二、握拍技术训练方法

（一）握拍练习

根据握拍技术的动作要领，先正手握拍，观察各部位的动作姿势，尤其是手指细节，及时改正错误或不规范的地方。然后反手握拍，同样观察、改正。正、反手握拍交替进行，熟悉握拍方法，熟练掌握正确的正反手握拍动作要领。

先练习正手握拍法，然后由正手向反手转换，再由反手向正手转换，如此反复，有助于提高握拍的灵活性，每一次转换都要确保握拍动作符合动作规范，提高握拍动作质量。

握拍与挥拍结合起来进行练习，如按正确动作要领正手握拍后，模拟正手击高远球的挥拍击球动作，挥拍动作完成后检查握拍动作是否变形，若发生变形，能否快速调整到正确姿势，反复如此，有利于巩固对握拍方法的正确掌握与熟练运用。

（二）挥拍练习

在正确掌握握拍动作的基础上进行挥拍练习，或通过握拍与挥拍的结合来巩固握拍动作，熟悉挥拍技术。在挥拍练习中，以正手击高球练习为主，从分解练习向完整练习过渡，从慢速练习向快速练习过渡，从无球的模拟练习向悬球挥拍练习过渡。

刚开始练习挥拍时，可采用对镜练习或双人对练的方法，从而快速发现自己的问题，及时纠正。此外也可以进行负重挥拍练习，即手持小哑铃、壁球拍等练习，如此不但能够熟练挥拍技术，还能使上肢力量得到提升。

---

❶　李明芝，高淑艳，刘积德.乒乓球、羽毛球、网球 [M].北京：清华大学出版社，2015.下同。

第二节　竞技羽毛球场上步法及训练

一、场上基本步法动作

（一）上网步法

1.跨步上网

站位于球场中心稍靠后，两脚开立。右脚略前，上体稍前倾，目视对方。如果对方吊网前球，脚跟提起轻跳，身体重心迅速移到后脚，以协助快速起动。左脚迈一小步，用脚掌内侧起蹬，右脚向前跨大步，以脚跟和脚掌外侧着地滑步缓冲，脚尖外斜，右膝屈成弓箭步，左脚向前挪动，以协助右脚回蹬。击球后以并步或交叉步退回中心位置。当对方发近球时，左脚蹬地，同时右脚跨一大步上网（如图4-3所示）。

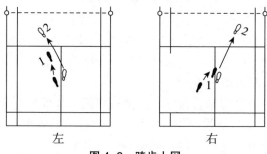

图4-3　跨步上网

2.垫步上网

准备姿势同上。右脚迈一小步，左脚垫一小步靠近右脚跟，并用脚掌内侧起蹬，接着右脚迅速大步向前跨上网。击球后以并步或交叉步退回中心位置（如图4-4所示）。

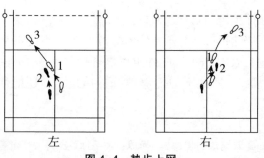

图4-4　垫步上网

3. 蹬跳步上网

在上网扑球中比较常用这种步法。在对方放网前球时，做好扑球准备，右脚稍向前，脚一点地便起蹬，侧身扑向网前，当球飞至网顶时立即扑击，触球的同时右脚先着地，左脚在右脚后，并立即向中心位置退回（如图 4-5 所示）。

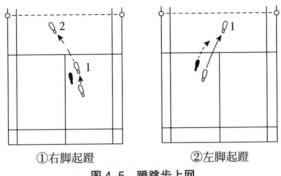

①右脚起蹬 ②左脚起蹬

图 4-5 蹬跳步上网

（二）后退步法

网球运动后退步法有以下几种类型（移动前的动作和站位与上网步法相同）。

1. 正手后退步法

正手后退步法有侧身并步后退步法、交叉步后退步法两种方式。以前者为例，在对方击球前瞬间，脚跟提起轻跳，右脚支撑重心，接着右脚蹬地快速向右后方撤一小步，上体右转侧对球网，接着左脚并步靠近右脚，右脚再向后移向来球位置，同时配合手部动作，待来球落在右肩上方时正手底线原地击球或跳起击球，之后以并步或小步跑回到中心位置（如图 4-6 所示）。

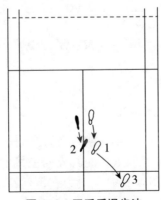

图 4-6 正手后退步法

2. 交叉步头顶后退步法

动作方法基本同上，只是右脚蹬地后撤向左后方，上体转动幅度较大，且稍后仰并倒向左后场区。左脚向左侧后交叉后退一步，右脚移至来球位置做头顶原地击球或跳起击球（如图 4-7 所示）。

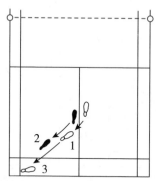

图 4-7 交叉步头顶后退步法

3. 反手后退步法

调整重心，右脚后撤一步，上体左转，左脚随即向左后方退一步，右脚再跨出一步，背对球网，做底线反手击球（如图 4-8 所示）。

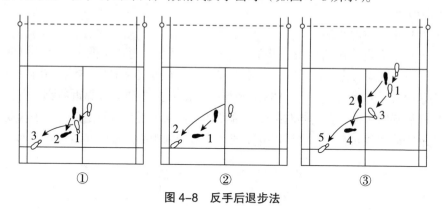

图 4-8 反手后退步法

（三）中场两侧移动步法

1. 向左侧移动步法

根据来球调整重心，上体稍右倾，右脚掌内侧用力起蹬，随即左脚向左侧转跨大步。如果来球比较远，左脚先向左移半步，上体左转，同时右脚向左前交叉跨大步。图 4-9 中左图为左侧蹬跨步，右图为左侧蹬跨步（两步）。

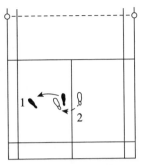 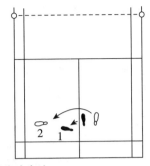

图4-9 向左侧移动步法

2. 向右侧移动步法

两脚左右开立，稍抬脚跟，根据来球调整身体重心，上体稍左倾，左脚掌内侧用力起蹬，右脚同时向右侧转跨大步。倘若来球比较远，左脚向右垫一小步再起蹬，同时右脚向右转跨大步。图4-10中左图为向右侧蹬跨步，右图为右侧垫步（两步）。

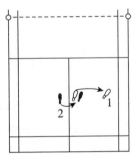 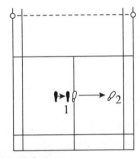

图4-10 向右侧移动步法

二、场上基本步法训练方法

（一）单一步法练习

单一步法练习主要就是集中练习一种步法，先观察教练员的示范动作，然后进行模仿练习，既可以分解练习，也可以完整练习，或者将二者结合起来，从分解、分步向完整动作过渡。集中练习单一步法有助于更好地理解步法动作和熟练掌握各个步法，使步法动作更准确、规范，运用起来更灵活，促进肌肉用力感觉的强化。

但是，如果长时间进行大量的步法练习，容易造成肌肉疲劳，而且会因为练习单一而产生枯燥感，失去训练兴趣，影响训练的积极性。所以在基本掌握常见步法后，要进行多样化训练。

（二）常见步法练习

1. 上网步法练习

上网步法练习的基本步骤是，从中心位置开始，上右网前，返回中心位置，上左网前，最后再回到中心位置。反复进行多次练习。

2. 正手后退左后场步法练习

右脚移向左后方，身体在髋部的带动下向左后方转，采用交叉步或并步的方式向目标位置移动。右脚起跳，左侧髋部随即向左后方迅速转动，同时左脚移到身后以作缓冲，重心落在左脚。右脚落地的同时，身体向前倾，重心向右脚转换，然后从左脚开始回到中心位置。反复进行多次练习。

3. 正手后退右后场步法练习

右脚移向右后侧方，身体在髋部的带动下向右后方转，采用交叉步或并步的方式向后移动直至与底线接近，然后单脚或双脚起跳击球，再向中心位置退回。反复进行多次练习。

4. 反手后退左后场步法练习

左脚移向左后方（步子小一些），右髋以左脚为轴转向左后方，右脚在髋部的带动下以交叉步方式移向左后方，随即左脚迈向左后方一大步，重心落在左脚。右脚再以跨步方式向左后方移动一大步，右脚落地时，持拍手臂挥拍击球。回动时，重心先落在右脚，再恢复开始姿势，向中心位置还原。反复进行多次练习。

5. 两侧移动步法练习

从中心位置开始，两脚依次向右侧移动，返回，再依次向左侧移动，再返回。反复进行多次练习。

（三）整体连贯练习

鉴于单一步法练习的限制性，应将基本场上步法练习与击球技术练习结合起来进行整体连贯的练习。例如，将上网步法与前场搓球、扑球技术结合起来进行连贯练习，使练习者能够置身于现实场景中从现实需要出发而对恰当的上网步法加以选择，提高练习者对网前球的灵活处理能力。

在整体连贯练习中，向练习者强调基本步法的准确性，及时发现步法运用中存在的问题，第一时间予以解决和处理，这样才能使练习者在反复不断的练习中有所收获和获得进步。

在场上基本步法练习中采用整体连贯练习方法，有助于对运动员解决网前球中出现的常见问题的能力进行培养，使运动员熟练采用适当的技术技能来处理网前球，并在此过程中对各个步法的运用更加熟练。整体连贯练习需和单一步法练习结合起来，交叉采用两种练习方法，弥补单一练习方法的单调乏味。只有多次重复练习，才能使步法更连贯，提高运用效果。

（四）多球练习

多球练习指的是运动员在教练员或队友的帮助下运用多个羽毛球来进行某种步法的固定练习，这种练习方法能够将运动员对步法的熟悉程度和运用能力充分反映出来，有助于促进运动员步法运用能力的提高和击球水平的提升。

在多球练习中，由教练员或队友抛球，练习者根据判断灵活选用步法，可多次重复练习一种步法，也可以交叉练习不同的步法。

以后场基本步法练习为例，练习者开始的站位在中场，由教练员或同伴将球击向后场，练习者根据对来球方向的判断而对后场步法进行合理运用。对于在底线上方的来球，练习者应快速采用后场三步移动步法向底线位置移动，移动到位后根据综合判断回击球，整个过程迅速果断，连贯衔接。也可以由多人将多个球抛向后场，每个球的方向和位置不同，练习者依次采用后场步法进行回击球，也可以规定练习者采用哪种步法进行回击，或将抛球的方向和位置固定下来使练习者进行反复的练习。

总之，多球练习既能锻炼运动员对基本步法的运用能力，又能使运动员熟练基本手法，对羽毛球运动员来说是非常实用、有效的一种练习方法。

（五）综合练习

羽毛球基本步法的练习方法是丰富多样的，而非只有不可改变的少数几种方法。应该根据练习者的具体情况灵活采取不同的练习方法。采用丰富多样的方法进行步法训练，可以弥补单一训练枯燥乏味的缺陷，突破固定训练的局限，使人体疲劳的注意感觉得到转移，提升练习者的训练积极性，最终提升步法训练的实效性。

没有一种训练方法是完美无缺的，任何训练方法的优势和不足都是并存的，如单一训练法的优势在于可以促进基本步法动作的强化，不足是单调乏味。整体连贯训练法的优势是结合实战环境进行综合练习，能够达到整体的训练效果，而不足是容易忽视步法动作的细节。单一训练和整体连贯训练可以互相弥补对方的不足，所以应结合起来运用。

多球练习法能够使运动员对羽毛球临场击球的过程产生真实的体会，

这是一种接近实战的练习，能够在培养运动员步法运用能力的基础上锻炼其判断能力、应变能力。可见多球练习和单一练习、整体连贯练习也是互补的，多球练习可以弥补它们的缺陷，将三者结合起来形成优势互补，可以提升和强化训练效果。

第三节　竞技羽毛球发球与接发球技术及训练

一、发球技术动作方法

发球技术包括正手发球和反手发球，羽毛球单打中多采用正手发球，双打中多用反手发球技术。

（一）正手发球

1. 发球站位

站位与中线距离适中，不宜太远，一般与前发球线相距 1 米左右。双打比赛中，发球站位离前发球线更近一些。

2. 准备姿势

两脚前后开立，左脚在前，左肩侧对球网，重心落在右脚。右手将球拍举到右后侧，屈肘放松，左手拇指、食指、中指夹球，将球举在胸腹高度。发球时，重心移到左脚。

3. 技术方法

（1）正手发后场高远球

采用正手发后场高远球技术，可以使球到达对方端线，使对方措手不及，影响其进攻性。发球时，左手持球，自然屈肘，右手持拍向右后上方摆起，重心前移，右脚跟稍提。左手放球，右臂向前上方挥动，同时右脚蹬地，上体转向正前方，使下落的球在身体右侧前下方的交叉点与拍面碰触。击球时，握紧球拍，手腕闪动，向前上方鞭打击球，手臂随即向上挥起，重心转移到左脚。击球后，微屈膝，做好接发球准备。

（2）正手发网前球

正手发网前球时，发出的球的飞行弧度较低，飞行距离较短，能够限制对方的接发球，可实现进攻意图，并进行接发球抢网、突击、扣杀。

发球时，站位稍靠前。右手放松握拍，左脚支撑重心，右脚跟稍抬。击球时，由前臂带动手腕使拍面从右向左斜切击球，使球轻擦过网，落在对方前发球线附近。

（二）反手发球

1. 发球站位

站位距离发球线 10 ～ 50 厘米，注意离发球区中线的距离不要太远，站位也可以距离前发球线和场地边线较近。

2. 准备姿势

面对球网，前后站立，上体稍前倾。右手反握拍，左手拇指和食指捏球的羽毛，球托向下，球体与拍面平行。

3. 技术方法

（1）反手发平球

反手发平球时，小臂带动手腕发力。击球时，抖动手腕，突然发力，拍面要有"反压"动作。

（2）反手发网前球

反手发网前球时，从后向前推送球拍，使拍面切削球，这样球可以落到接近对方场区前发球线的位置。

二、发球技术训练方法

（一）发高远球、平高球和平射球训练

开始时的站位为球场中间，按照正确的动作要领发高远球、平高球和平射球。注意球下落后落点的变化，练习方法如下。

（1）从左场区发球，将球的落点控制在对方左场区中线与端线附近（如图 4-11 所示）。反复练习。

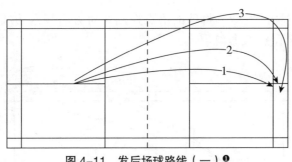

图 4-11　发后场球路线（一）❶

注：1：平射球，2：平高球，3：高远球。下同

---

❶ 陈治 . 现代羽毛球技术教学与训练 [M]. 郑州：河南大学出版社，2014. 下同。

（2）从左场区发球，将球的落点控制在对方左场区边线与端线附近（如图4-12所示）。反复练习。

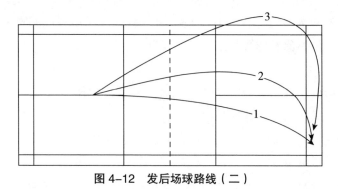

图4-12　发后场球路线（二）

（3）从右场区发球，将球的落点控制在对方右场区中线与端线附近（如图4-13所示）。反复练习。

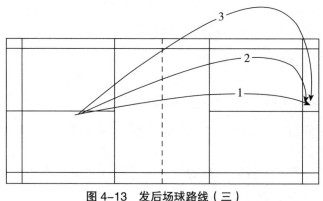

图4-13　发后场球路线（三）

（4）从右场区发球，将球的落点控制在对方右场区边线与端线附近（如图4-14所示）。反复练习。

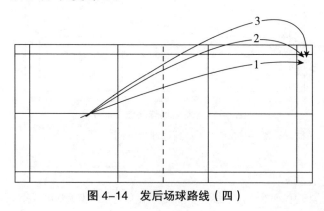

图4-14　发后场球路线（四）

（二）发网前球训练

运动员在遵守规则的前提下，严格按照发网前球的动作要领，并结合自己的习惯而发球，在单打发网前球的练习中，站位与上述练习相同，在双打发网前球的练习中，站位与前发球线的距离比较近。

练习方法如下。

（1）在左场区发球，将球的落点控制在对方左场区前发球线附近的位置，如图4-15中的A点、B点、C点。反复练习。

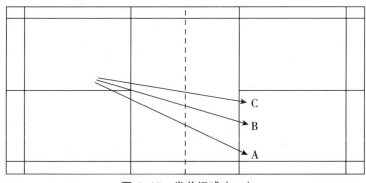

图4-15　发前场球（一）

（2）在规则允许的区域内发球，将球的落点控制在对方右场区前发球线附近的位置，如图4-16中的A点、B点、C点。反复练习。

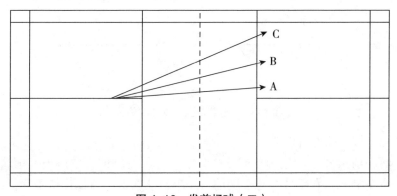

图4-16　发前场球（二）

以上发球练习中，发高远球采用正手发球方法，发其他球则正反手均可。其他的发球（如平高球、平射球和网前球）均可用正手和反手技术来完成。不论哪一种发球，既可采用单人多球练习，也可采用双人对练的方式进行。要想提高发球的质量和水平，必须通过大量的练习才能得以实现。

三、接发球技术动作方法

（一）站位与准备姿势

1. 单打接发球

（1）接发球站位

单打接发球站位距前发球线约 1.5 米。在左发球区接发球，站位在有效发球区域中心位置（如图 4-17 所示），能照顾到不同方向的各种落点球。

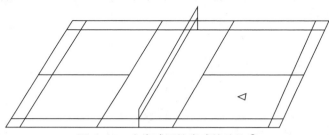

图 4-17　左发球区接发球的站位 ❶

在右发球区接发球，站位在有效发球区域中心稍靠近中线的位置（如图 4-18 所示）。

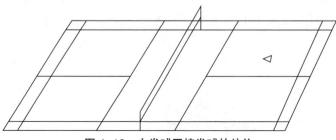

图 4-18　右发球区接发球的站位

（2）接发球准备姿势

两脚前后开立，左脚在前，全脚掌着地。右脚前脚掌触地。稍屈膝，重心在左脚上。右手持拍置于胸前，左手自然屈肘，身体保持平衡，目视前方，判断对方的发球方向准备接发球。

2. 双打接发球

（1）基本站位

双打接发球的站位通常是靠近前发球线的位置，便于在网前抢高击球点。

❶　杨光 . 羽毛球运动课程教学理论分析与实践研究［M］. 北京：中国水利水电出版社，2017. 下同。

在右发球区接球，接发球者站位略偏左靠近中线，如图 4-19 中 C，其同伴站位如图 4-19 中 D。

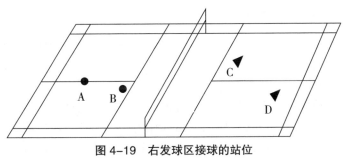

图 4-19 右发球区接球的站位

注：B 是发球者，A 是 B 的同伴；C 为接发球者，D 为 C 的同伴（下同）

在左发球区接球，接发球者站位选择中心位置，如图 4-20 中 C，其同伴站位如图 4-20 中 D。

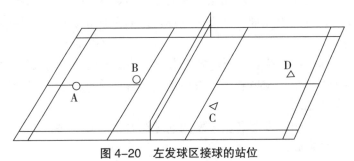

图 4-20 左发球区接球的站位

（2）准备姿势

左脚在前，全脚掌着地，右脚在后，前脚掌着地，重心在左脚上，稍屈膝，右手屈肘举拍至头顶前上方，左手自然屈肘，保持身体平衡，目视对方，准备接发球。

（二）前场接发球技术

1. 前场正手接发球技术

迅速移动到位，右手前臂微屈，外旋半弧形引拍，做好接发球准备。结合身体向前跨步的冲力，用斜拍面向前摩擦推送击球，然后右手自然收回，退回中心位置。

2. 前场反手接发球技术

迅速移动到位，左手伸向来球方向，左臂微屈，内旋半弧形引拍，做好接发球准备。以接发球搓小球为例，食指、拇指内旋捻动球拍，结合身体前跨步的冲力，用斜拍面向前摩擦推送搓球，然后左手自然收回，退回中心位置。

（三）后场接发球技术

根据来球的位置不同，后场接发球有正手接发和头顶接发两种方式。它们的击球点位置不同，前者在身体右后侧右肩上方，后者在身体左后侧头顶或左肩上方。

迅速移动到位，上臂外旋，上臂带动前臂后仰回环引拍，重心落在右脚，准备起跳击球。以接发球回击高远球为例，击球点在头前上方，前臂内旋向上挥动，力达手腕，手指发力用正拍面击球，然后迅速收拍，并退回中心位置，做好下一步准备。

四、接发球技术训练方法

羽毛球运动员要将发球与接发球技术结合起来同时进行练习。两名运动员相互配合，一方发球，一方接发球，然后互换角色练习，具体练习方法如下。

（1）多球练习，两人一组，做正手发球（发网前球）与接发球练习。

（2）两人一组，发球者正手发后场高远球、平高球、平快球，接发球者回击平高球或吊球。

（3）两人一组，发球者正手发网前球结合发后场各种球，接发球者根据来球回击各种球。

（4）两人一组，一人反手发网前球，另一人反手接球回击网前、推后场以及扑球。互换角色继续练习。

（5）两人一组，发球者反手发后场平高球、平快球，接发球者根据情况回击杀、吊球。

第四节　竞技羽毛球击球技术及训练

一、前场击球技术训练

（一）动作方法

1. 推球

在羽毛球单打比赛中，运动员采用具有强大威胁性的推球技术来突击对方底线，该技术具有击球点高、动作小、速度快、突然性强、落点变化丰富等特点。

（1）正手推球

移动到网前右侧，将球拍向右平举，前臂稍外旋，手腕向后伸，拍面对准来球。击球时，尽可能向后引拍，积蓄力量，手腕闪动，突然握紧拍柄，快速挥拍击球。

（2）反手推球

移动至网前左侧，将球拍向左侧上举，左臂向左胸前收引，手腕稍外展，放松握拍手，拇指顶住拍柄内侧宽面。击球时，前臂外旋，手腕伸直抖动，突然紧握球拍快速击球托后部，之后快速还原，准备下一次接球。

2. 扑球

扑球技术的攻击性很强，多在网前使用，可直接得分。

（1）正手扑球

重心右移，身体向球网右侧快速跃起，球拍与来球相对。击球时，前臂带动手腕和手指快速抖动发力扑接。击球后快速还原。如果来球距网较近，为避免球拍触网犯规，手腕从右向左将球压下，采用"滑动"式扑球方法来回接球。

（2）反手扑球

与正手扑球动作相同，方向相反。击球时，手臂伸直外旋，拇指顶压拍柄上端，击球后调整身体重心，快速还原。

3. 搓球

快速上网至网前，争取在高点击球，用球拍斜面"搓""切"的方式来击球，使球翻滚旋转，将球的落点控制在对方网前。

（1）正手搓球

侧对右网前，上体稍前倾，右手握拍于体前。右脚向右侧前方跨步成弓步。正手握拍，球拍向右前上方斜举。击球时，在球拍举至最高点时前臂稍外旋，手腕由后伸至稍内收，与网前击球前期动作一致。击球时，要突出"搓""切"的动作，击球点在球的右下底部。击球后快速还原。

（2）反手搓球

移动到位，手腕前屈至网高处，手背高于拍面。搓球时，用小臂外旋和手腕内收并外展的合力来击球的右后侧底部，击球后快速还原。

（二）训练方法

1. 推球训练

推球技术的训练一般采用多球训练法。

（1）原地正手推球

①原地正手推直线球

甲在右前场区靠近边线的位置，乙在左前场区。乙连续向甲的右前场区域网前扔球，甲用正手推直线球的方式向乙的左后场区域内回击球（如图 4-21 所示）。反复练习。

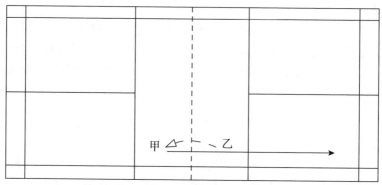

图 4-21　原地正手推直线球 ❶

②原地正手推斜线球

甲在右前场区靠近边线的位置，乙在左前场区。乙连续向甲的右前场区域网前扔球，甲用正手推斜线球的方式向乙的右后场区域回击球（如图 4-22 所示）。反复练习。

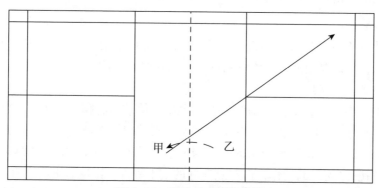

图 4-22　原地正手推斜线球

（2）原地反手推球

①原地反手推直线球

甲在左前场区靠近边线的位置，乙在右前场区。乙连续向甲的左前场区域网前扔球，甲用反手推直线球的方式向乙的右后场区域回击球（如图

4-23 所示）。反复练习。

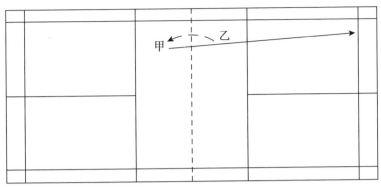

图 4-23　原地反手推直线球

②原地反手推斜线球

甲在左前场区靠近边线的位置，乙在右前场区。乙连续向甲的左前场区域网前扔球，甲用反手推斜线球的方式向乙的左后场区域回击球（如图 4-24 所示）。反复练习。

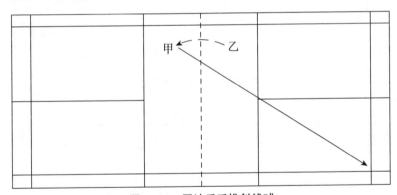

图 4-24　原地反手推斜线球

2. 扑球训练

扑球时采用蹬跳步的步法，以便在最高点出手扑球。

（1）原地扑球

①乙连续向甲的右前场区域内发球，甲在原地以正手扑直线球的方式回击（如图 4-25 所示）。反复练习。

②乙连续向甲的左前场区域内发球，甲在原地以反手扑直线球的方式回击（如图 4-26 所示）。反复练习。

③乙连续向甲的右前场区域内发球，甲在原地以正手扑斜线球的方式回击（如图 4-27 所示）。反复练习。

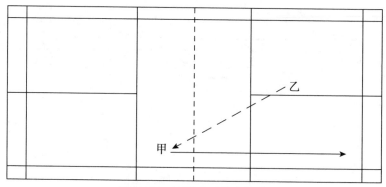

图 4-25　原地正手扑直线球

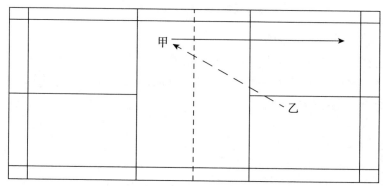

图 4-26　原地反手扑直线球

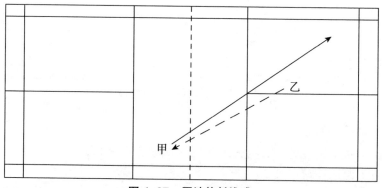

图 4-27　原地扑斜线球

（2）定点移动上网扑球

①乙连续向甲的右前场区域内发球，甲移动上网以正手扑球的方式回击，每扑球一次后迅速回到原位（如图 4-28 所示）。反复练习。

②乙连续向甲的左前场区域内发球，甲移动上网采用反手扑球的方式回击，每扑球一次后迅速回到原位（如图 4-29 所示）。反复练习。

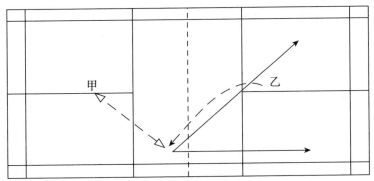

图 4-28　定点移动上网正手扑球

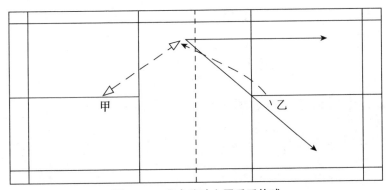

图 4-29　定点移动上网反手扑球

3. 搓球训练

（1）原地搓球

甲站在右前场区域网前，乙连续向甲网前的一个固定点发球。甲用正手搓球的方式回击。如果甲站在左前场区域，则用反手搓球的方式应对来球（如图 4-30 所示）。反复练习。

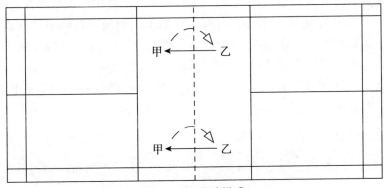

图 4-30　原地搓球

（2）一点移动上网搓球

这种练习方式与上一种相似，但要求甲先从球场中心位置移动上网后再搓球，在回击一次后回到原位，准备再次上网搓球（如图 4-31 所示）。反复练习。

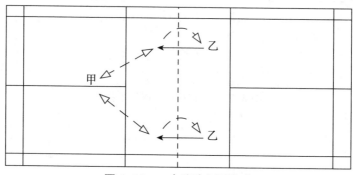

图 4-31　一点移动上网搓球

二、中场击球技术训练

（一）动作方法

1. 中场平抽球

以中场正手平抽球为例，移动到位，右脚向右跨出，侧对球网，重心移到右脚，右臂侧上摆，前臂稍外旋。击球时，前臂带动手腕由下往右平地抽压，抖动挥拍。击球后手臂快速还原，重心在两脚之间，准备下一步动作。

2. 快打技术

快打技术是在中场击肩以上至略高于头部之间的平球，具有快速、凶狠、紧逼对方、主动进攻的特点，多用于双打比赛中。以反手快打为例，两脚平行站在左场区，重心在右脚，举拍于右侧前。判断来球在右场区时，右前臂左摆，身体稍向左转至右肩对网，前臂内旋，手腕外展引拍于左侧后。击球时，前臂外旋，手腕伸直闪动，手指突然抓紧拍柄，前盖球托后部，使球比较平直地向前飞行。击球后，球拍由右下回举至前上方，准备下次击球。

（二）训练方法

（1）灵活握拍，根据不同来球，用手腕、手指控制击球的力量、角度和方向。

（2）徒手挥拍练习或多球练习。

（3）以肘为轴，以前臂带动手腕做小幅度快速挥拍练习，体会恰当的击球时机。

（4）接各种来球，不断变化移动步法和手法进行练习。例如，多练接杀球练习以训练反应速度和判断能力。

（5）根据不同来球而调整准备姿势、拍面角度、动作力量、动作速度的练习。

（6）进行多球专门练习，提高控球能力。

三、后场击球技术训练

（一）动作方法

1. 后场击高远球

（1）正手击高远球

判断来球，移动到位，站在球下落的左下方，侧身左肩对网，右脚支撑重心，右手将球拍举到右肩上方，左手自然高举，待球下落时，放松握拍。击球时，蹬地、转体收腹，大臂带动小臂向前上方甩腕，在高点击球。击球后，手臂随挥并收拍至体前，然后迅速还原准备姿势。

（2）反手击高远球

判断来球，移动到位，站在球下落的左下方，右脚前交叉跨到左侧底线附近。肘部上抬略高于肩，拍面朝上。击球时，以肘关节为支点抖腕，拇指侧压，自下而上甩臂击球。击球后，顺势转体面向球网，退回中心位置。

2. 吊球

（1）正手吊球

准备动作和前期动作参考正手击高远球。需要注意的是，击球时拍面要稍微向内倾斜，手腕快速切削下压，主要击球托的后部和侧后部。

（2）反手吊球

准备动作参考反手击高球，但注意吊直线球时，用球拍反面切削球托后中部、右后部或左后部，使球落在对方场区前发球线附近。

（二）训练方法

1. 高球训练

（1）原地直线高球

甲、乙的站位都是靠近球场端线的一个角，双方均以原地直线高球的方式发球与接发球（如图 4-32 所示）。反复练习。

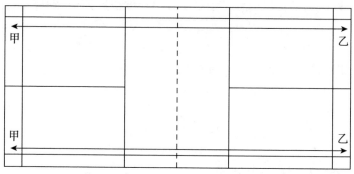

图 4-32　原地直线高球

（2）原地斜线高球

站位同上，要求双方均采用原地斜线高球的方式来发球与接发球（如图 4-33 所示）。反复练习。

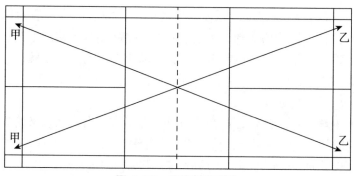

图 4-33　原地斜线高球

（3）移动直线高球

甲在靠近端线的位置击固定路线的直线球，乙移动到位以直线高球的方式回击，击球后回到原位（如图 4-34 所示）。反复练习。

图 4-34　移动直线高球

2.吊球训练方法

（1）原地定点吊直线

甲站在底线位置，原地采用定点吊直线球的方式向乙任何一个场区的网前位置击球，乙在网前挑球回击。反复练习（如图4-35所示）。

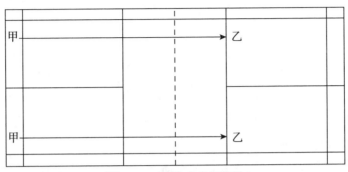

图4-35 原地定点吊直线

（2）正手一点吊前场二点

甲站在底线位置（A点），交替向乙的网前两个角（B和C）吊球；乙向甲的位置A处回击，让甲进行以一点对前场两点的正手吊球练习（如图4-36所示）。反复练习。

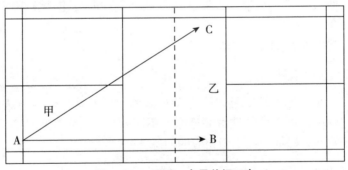

图4-36 正手一点吊前场二点

第五节 羽毛球技术游戏训练

一、削球对练

（一）练习方法

（1）两人一组在边线两侧面对面而立。

（2）按削球要领互相对打，使羽毛球的软木部分与羽根部分同时触拍。

（二）注意事项

削球时，尽量用拍面削球的软木部分，或使软木部分与羽根部分同时触拍。

二、跑动击球

（一）练习方法

（1）平握球拍向前跑动，连续不断地向前方击球。
（2）使用弱势手重复练习。

（二）注意事项

开始练习时，可进行原地向上击球练习。熟练后进行跑动击球练习和多人接力击球练习。

三、听口令练回球

（一）练习方法

（1）两人一组，其中一人发球，发球者发球时发出"放小球""后场球"等口令。
（2）接发球者按口令回球。

（二）注意事项

听口令练回球游戏能够提高运动员瞬间判断和运用回球方式的能力。在游戏过程中，可在球的软木部分涂上不同颜色，每种颜色代表不同回球方式，接发球者根据颜色采用相应的回球方式。

四、跳起转身击球

（一）练习方法

（1）两人一组，一人发球，另一人作为回球方与之背向而立。
（2）回球方跳起转身面向发球者，做好击球准备。
（3）发球者在对手跳起转身时击球，回球方迅速回击球。

（二）注意事项

该游戏可提高运动员的平衡能力，在游戏过程中要把握好击球时机和节奏。

五、双人发球连回球

（一）练习方法

（1）三人一组，其中两人发球，事先小声商量好由谁先发球，但不能被接球者听到。

（2）接球方迅速判断来球并回击。

（二）注意事项

（1）练习初期，发球方发相对容易的球，待熟练后发难度较大的球。

（2）发球方式不限，可灵活选用。

六、反方向闪身

（一）练习方法

两人一组，一人发球，另一人接球时，身体先向反方向移动做一个假动作，然后回球。

（二）注意事项

教练员要提醒练习者注意身体姿势的准确性。

第六节　竞技羽毛球技术训练的创新探索

一、落点控制训练

羽毛球比赛中始终贯穿着落点技术，不管是发球还是接发球，都要控制好球的落点，在羽毛球技术训练中不能忽视对落点的控制性训练，应将落点控制训练融入发球与接发球训练、击球技术训练以及专项体能训练中，从而提升运动员对羽毛球落点的控制能力。下面分析两种羽毛球落点控制的训练新方法。

（一）视觉训练

视觉训练是落点控制训练的基础。在羽毛球比赛中，双方都要全神贯注紧盯来球，时刻关注球的位置变化，根据判断迅速回击，这对运动员的视觉能力提出了很高的要求，因此必须加强视觉训练，使运动员及时捕捉对手的细微动作和任何细节，迅速处理通过视觉器官获得的信息，然后快速分析、判断，准确而灵活地应对来球。羽毛球运动员的视觉训练不同于一般的视觉训练，是与专项运动相结合的运动视觉训练，当然这必须以一般的视觉训练为基础，先做好基础训练，打好基础，然后进行专项训练，逐步提高。

（二）定点重复训练

在运动视觉训练的基础上进行定点重复训练，首先划分场地区域，在固定区域进行重复不断的练习，促进肌肉记忆的加强，从整体的视角看待人、球、拍的相互关系，将三者融为一个整体，如此才能提高整个动作过程的流畅与协调性，才能提高动作效果。在以定点重复训练为主的训练模式中，要配合一些辅助性训练，如定点发球、多点接球等，同时可结合实战进行模拟训练，促进运动员球感的提升和实战能力的强化。在不断的练习中取得一定的效果后，需以运动员的真实水平、优劣势等实际情况为依据而为其制定个性化训练方案，在各项击球技术中采用定点重复训练的方式进行练习，并将技战术结合起来，提高运动员的制胜技能。

羽毛球落点控制训练之所以应该受到重视，主要是因为这一训练对羽毛球运动员来说是提高竞技能力的有效手段，如促进运动员判断能力和应变能力的提升，使运动员更加熟练各项技战术，提升其竞赛能力。但需要注意的是，如果长期进行单一的落点控制训练，容易导致运动员的思维模式固定甚至僵化，这虽然能够使运动员快速做出下意识的反应，但比赛毕竟不同于训练，比训练更复杂，所以思维固定不利于其在比赛中灵活应变。为了避免这一问题对羽毛球运动员的比赛表现造成不良影响，在日常落点控制训练中应多结合实战条件进行模拟训练，多安排不同的运动员进行对抗练习，从而在提高运动员落点控制能力的同时丰富其实战经验，避免思维固定。

二、意念训练

（一）意念训练基本知识

意念训练有良好的心理学效应，适用于青少年羽毛球运动员的训练与培养中。在青少年羽毛球运动员训练中采用意念训练方法时，一般步骤为边听讲解边观察示范，然后自然站立，放松身心，眼睛微合，深呼吸，通过意念（回忆）的方式完成动作练习，从而更好地掌握技术，不断提高技术水平。

意念训练法具有如下作用。

1. 从运动技能形成过程分析

（1）初步形成

在意念训练中，运动员要先听讲和观看示范，然后进行意念练习，要求听和看时高度集中注意力，初步形成正确动作概念，在视觉和听觉信息的提示下完成意念活动，从而使相关肌肉群参与动作完成过程，促进运动知觉的形成。

（2）巩固与掌握

教练员及时发现运动员的问题，分析原因，纠错指导，使运动员掌握正确的技术动作。此外，通过意念练习检验动作，改进动作，达到自动化水平。

2. 从运动技能的反馈原理分析

在意念训练中，运动员在大脑中枢神经系统的指挥下进行练习，只有通过练习才能形成运动技能。运动技能的反馈原理是，外界刺激作用—知觉机制—处理机制—运动中枢—运动器官。可见意念训练法是一个特殊的学习与练习过程，其具有目的性、程序性和指导性，能够使运动员对训练目的和要求有所明确，将其训练动机成功激发出来，在练习过程中主动思考，勇于探索，以取得良好的训练效果。

3. 从运动过程的心理机制分析

意念训练法能够使运动员形成正确的动作表象，训练中的想象活动是肌肉活动与智力活动的结合，运动员在主动发挥聪明才智的积极活动中完成动作。运动员在练习前进行自我暗示，保持适度紧张，提醒自己要完成好动作。意念训练中的大脑活动和身体活动是第一和第二信号系统相互结合的活动，即思想与实际的结合，通过这种联系能够使运动员更好地掌握技术动作。

（二）意念训练的应用

在羽毛球技术训练中采用意念训练法，需注意以下几点。

（1）不管是对技术动作的讲解还是示范，都要着重突出重点，提示难点，使运动员高度注意。

（2）教练员运用恰当的指导性语言提醒运动员在意念训练中主动运用思维能力，放松心理，集中注意力，保持稳定的情绪，将运动员的训练兴趣激发出来。

（3）在比赛前引导运动员运用意念法重复技术动作过程，从而使其在比赛中熟练运用各项技术。

第五章　竞技羽毛球战术训练

羽毛球运动员在比赛中为取得胜利而采用的计谋与行动都可以统称为羽毛球战术。羽毛球比赛充满激烈对抗，攻与守、制约与反制约始终贯穿其中，每一方运动员为了占据主动权，制约对方，充分发挥自己的特长和优势，弥补自身不足，同时限制对方发挥特长，使其暴露自己的弱点，即以己之长攻彼之短，这些意图都是通过合理的战术行动而实现的。正确而灵活地运用战术，有助于运动员以较小的体力消耗而赢得比赛，特别是在双方势均力敌的情况下，战术的作用显得更加重要。因此，在竞技羽毛球训练中，要加强战术训练，并将技术训练和战术训练有机结合起来，有效提升运动员的技能水平。

第一节　竞技羽毛球基本战术

一、羽毛球单打战术

（一）发球位置与方式

1. 发球位置根据对方站位而定

在对方站位较为靠近网前的情况下，后场区域有较大的空当，因此适合发后场球，即向图 5-1 中标出的 3 号或 4 号位置区域发球，如此能够取得更好的发球效果。

在对方站位靠近后场的情况下，网前区域有较大的空当，此时适合发一些网前球，如向图 5-2 中标出的 1 号或 2 号位置区域发球，如此便能够取得更好的发球效果。

2. 根据对方接发球的特点而选择发球方式

比赛前要将对方的接发球特点和风格了解清楚，分析对手接发球时有哪些习惯，总结对方接发球的规律，尽量避开对方习惯的接发球方式来选择发球方式，让对方回球时找不到感觉，对于对方比较难接的一些落点的球，要尽量多发，从而争取主动，使对方措手不及。

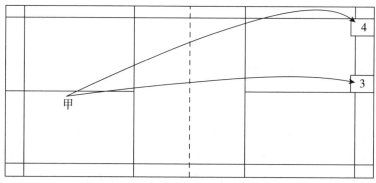

图 5-1 根据对方站位发后场球 ❶

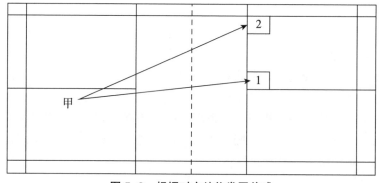

图 5-2 根据对方站位发网前球

3. 发球时避开对方的技术特长

提前了解对方擅长哪些接发球和击球技术，尽量避开对方的特长，发一些对方不擅长接的球，使对方暴露自己的缺陷。

例如：当对方擅长网前球时，我方就要尽可能避免发较多的网前球，以发后场球为主，使对方没机会施展自己的假动作；而在对方擅长后场球或杀球的情况下，我方要尽可能避免发过多的后场球，以发网前球为主；如果对方不擅长接高球，本方就适当多发高球，发对方不好接的落点的球。

4. 利用发球动作制造迷惑

在对方高度集中注意力做好接发球准备时，我方不要急着发球，适当短暂停留片刻（规则允许范围内），稍微变化一下发球的时间点，让对方觉得你正在犹豫不决，给其制造迷惑，利用这个停留的时间对对方的站位和准备姿势进行观察，然后发有较强攻击性的平高球或平射球，使对方在

---

❶ 陈治. 现代羽毛球技术教学与训练［M］.郑州：河南大学出版社，2014. 下同。

慌乱中回低质量的球或出现失误。

（二）发球抢攻战术

发球抢攻战术指的是以对方的站位、接发球特点、习惯的回球路线等因素为依据，有目的性、有针对性地发多变的球，从而在一开始就占取主动权，守住自己的进攻地位。

对于防守技能不足和经验欠缺的羽毛球运动员，比较适合采用这种战术。对发球抢攻战术的运用强调发球方式的多变性，不要采用固定的一两种发球方式，改变发球方式在比赛关键时刻、双方比分差距小的情况下显得更加重要，发球方式的突然变化使对方措手不及，被动回击或回球失误，从而打破比赛僵局。

在羽毛球比赛中，为避免对方发动抢攻，就要想办法将对方调到底线位置，要做好这一点，就要尽量发使球飞行距离远、时间长的高远球。如果对方不擅长接高远球，那么我方更应该多发一些高远球，不仅能防止对方抢攻，还能制造机会使对方回球失误。

在羽毛球比赛中运用发球抢攻战术时，要避开对方高度集中注意力的时间去实施战术，将发球时间适当延迟，当对方注意力集中度没那么高时再发球，从而使对方被动接发球。

（三）下压进攻控制网前战术

这是一种先发制人的战术，特点是速战速决，进攻快速、凌厉、凶狠，使对方遭到力量和速度的双重压制。如果对方个子很高，有网前出手慢、步法移动不灵活以及接下手球费劲等不足，而且急于上网抢攻时，适合采用这种战术，具体运用方式是，先以速度和力量不同的吊球、劈球、点杀、轻杀、重杀球将球下压，制造上网机会，用推球、搓球、勾球等方式进行网前控制，使对方将注意力集中到网前，此时本方发平高球向其底线进行突击，为实施中后场进攻创造机会，然后再伺机全力以赴来进攻。

在实施该战术时要注意，要成功将对方调至底线特别是反手后场区域，就要多采用速度快的高球、平高球、推球等发球方式，这容易使对方陷入被动。当对方将关注点主要放在后场，前场出现较大空当时，以快吊或突击点杀的方式快速向对方网前发起进攻。对于技术不太熟练，尤其是还不具备良好的左后场还击能力的初学者更适合采用这种战术。

运用下压进攻控制网前战术时要注意采用轻杀和重杀的时机，前者运用于对方来球质量好的情况下，后者用于对方来球质量不高的情况下。不管采用哪种方式，都要保持身体重心稳定。

（四）守中反攻战术

守中反攻战术是后发制人战术，适用于我方有良好的防守能力，对于对方的进攻能够灵活抵挡，而对方进攻比较盲目，体能比较差的情况下。

采用该战术时，先向对方后场击球或回击球，使对方被迫主动发起进攻，当对方将注意力从防守转到进攻上时，我方进行突击反攻。也可以在对方体能消耗较大，速度明显减慢，没有精力强力进攻时再对其发起进攻。

守中反攻战术的运用中，本方与对方的抗衡时间比较长，本方球路变化较多，有推球、高球、吊球、勾球和搓球等，变化多端的球路使对方心里感到急躁，容易造成失误。

二、羽毛球双打战术

（一）双打的移动配合

在羽毛球双打比赛中，任何一方两位搭档的站位和分工都不是完全固定的，而是按照一定的规律和原则灵活移动、灵活配合的。场上队员的站位应依据场上攻守形势的变化而随时调整，一方的移动配合方式和还击方式要根据另一方还击的球路和还击后的站位变化而定，通过移动配合将本方的特长充分发挥出来，同时使对方在压制下无法发挥自己的特长。

1. 我方吊网前球时的移动配合

甲1站在左场区的A位置上，甲2站在右场区的B位置上，保持平行的防守站位队形（如图5-3所示）。对方向左前场区C处吊球，甲2向位置C处上网移动，然后以网前直线吊球的方式向对方右场区D处的网前位置回击，然后迅速向左场区前场位置E处后退，做封网准备。这时甲1从A处向后场位置F处移动，向中线靠近。此时，甲1和甲2从防守的平行站位变为前后站位，以做好组织进攻的准备。

2. 我方杀球时的移动配合

甲1在左后场区域的A处位置杀球，甲2在左场区的前场位置做封网的准备，二人成前后进攻站位（如图5-4所示），如果甲1向对方左场区的C处位置杀球，对方向本方网前区域D处回球，甲2很难顺利封网，只能向对方右场区底线E处挑球，挑球后快速向右场区中间F位置后退，此时甲1向左前方移动到G处，与甲2形成平行的防守站位。

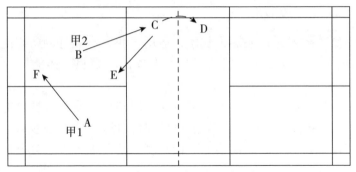

图 5-3　吊网前球时的移动配合

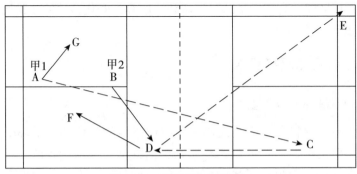

图 5-4　杀球时的移动配合

3. 我方回击后场球时的移动配合

甲 1 或甲 2 以击高球的方式回球后，两人分别站在左场区 A 处和右场区 B 处，保持防守的分边平行站位（如图 5-5 所示），如果对方向本方左后场 D 处位置还击高球，甲 2 迅速移动到 D 的位置来以直线杀球或斜线杀球的方式还击，此时甲 1 应移动到前场中间位置 C 处，做好封网准备，并与甲 2 配合进攻。如果甲 2 以后场高球的方式回击，那么甲 1、甲 2 的站位保持不变，依然是分边平行站位。

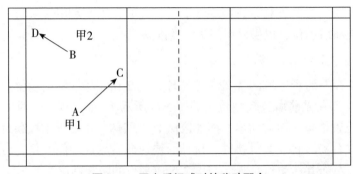

图 5-5　回击后场球时的移动配合

（二）攻人战术

如果对方两名搭档中有一名队员技术较弱，那么这位弱者就是我方要重点盯住的对象，不给对方调整的时间和机会，这就是所谓的攻人战术。这种常见的羽毛球战术是很容易被对方识破的，一旦被识破，对方较强的队员就会保护较弱的队员，所以应在比赛一开始先集中向弱的那名队员攻几拍，然后突然变化战术，向较强的队员发起猛攻。对方强者为了对弱者进行保护，难免会分散注意力，所以从攻弱者突然转变为向强者的进攻往往能够取得较好的效果。

采用攻人战术时，可以先攻弱者，再攻强者，也可以反过来，先攻强者，后攻弱者，先集中力量对方强者，待其体力消耗大，战斗力下降，突击其空当，或在其无力保护弱者时，再主要进攻较弱者。总之，攻人战术在实践运用中不是固定不变的，而要根据比赛情况来灵活调整。

（三）攻中路战术

当对方为防守方，站位为左右分边平行站位时，我方作为进攻方要尽量向对方平行站位的中间空当区域攻球，这样对方两人都有可能移动到中场去接球，容易发生碰撞，或谦让对方而最终导致接球失败。在对方配合默契度不高时适合采用这种战术。

攻中路战术中有一种攻半场的战术形式。当对方以前后站位保持进攻状态时，我方可向两人前后间靠近边线的中场位置回击球，如此也可以使对方出现像上面一样的情况，即抢接碰撞或漏接。

（四）守中反攻战术

守中反攻战术是一种后发制人的战术，主要用于对方后场进攻能力的情况下，或为达到消耗对方体力的目的的情况下。在战术运用中，本方拉后场底线两角使对方不得不快速左右移动而保持持续进攻状态，我方在对方精疲力竭或出现失误时伺机反攻。这个战术对本方的防守能力提出了很高的要求，只有先成功防守，才有机会抓住恰当的时机去反攻。

（五）后杀前封战术

后杀前封战术是一种进攻战术，在羽毛球双打比赛中很常见。本方作为进攻方积极强攻时，一人在后场杀球进攻，如杀大对角线球、杀中路球、杀小斜线球等，注意对攻球落点的控制与调整，另一人在网前封堵回球，注意不能消极等待，而要以对方的回球情况为依据而积极封堵，提高封堵意识，将对方的出球路线成功封堵，要特别重视对直线球的封堵。

（六）软硬结合战术

软硬结合战术的运用方法为，通过吊网前球或推球等方式来控制球的飞行轨迹和飞行速度，迫使对方被动防守。如果进攻失败，可采用软吊网前球、拨击半场球等方式来击球，待对方出现挑球失误时再伺机进攻。注意要以对方上网接球后匆忙后退的队员为主要进攻对象。

如果对方的防守站位合理，没有留下明显的空当，而且能回击高质量的球，此时我方应采用以直线小对角线、大对角斜线这两种线路的软杀、点杀技术（以打落点为主）来进攻，迫使对方回球失误，然后我方再伺机强攻。

第二节　竞技羽毛球单、双打战术训练方法

一、羽毛球单打战术训练方法

（一）固定球路训练

固定球路训练方法就是依据羽毛球战术要求，将两项或两项以上的击球技术组合起来反复进行练习。通过这种训练方法能够更好地掌握羽毛球战术球路，使动作的衔接更加连贯，可提高执行战术时的击球质量。但这种训练方法一般不单独使用，需要与其他方法结合起来使用。在实战中采用这种训练方法更能发挥其作用。

固定球路的训练方式主要有以下几种。

1. 高、吊配合训练

（1）对角高球直线吊球训练法（如图 5-6 所示）

甲方在右场区发高远球，乙方以对角高球回击，甲方也同样以对角高球回击，乙方吊直线球，甲方放直线网前球，乙方挑直线高球，甲方回击对角高球，乙方再以对角高球回击，甲方吊直线球，乙方放直线网前球，甲方挑直线高球，乙方以对角高球回击。如此反复练习。

在左场区的训练方法和在右场区相同。

（2）对角高球、吊球训练法

甲方在右场区发高远球，乙方以对角高球回击，甲方吊对角线球，乙方挑直线高球，甲方以对角高球回击，乙方吊对角线球，甲方挑直线高球。如此反复练习。

发球者在左场区发球时的训练方法和右场区相同。

（3）直线高球结合对角吊球训练法（如图5-7所示）

甲方击直线高球，乙方以直线高球回击，甲方也以直线高球回击，乙方吊对角球，甲方放直线网前球，乙方挑直线高球，甲方以直线高球回击，乙方再以直线高球回击，甲方吊对角线球，乙方放直线网前球，甲方挑直线高球，回复至开始，循环练习。

因为球路比较固定，所以反复练习会使失误越来越少。

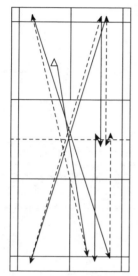 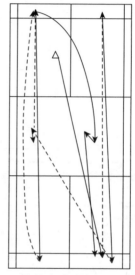

图5-6　对角高球直线吊球训练法 ❶　　　　图5-7　直线高球结合对角吊球训练法

2. 高、杀配合训练

（1）对角高球直线杀球训练

训练时球路与对角高球直线吊球训练法相同。

（2）直线高球和杀对角球训练法

练习球路与直线高球结合对角吊球的练习相同。

3. 吊、杀配合训练法

（1）吊直线杀直线训练法，如图5-8所示。

（2）吊直线杀对角训练法，如图5-9所示。

甲在右区发高球，乙先吊直线球，甲接吊挑直线球，乙杀对角球。这样训练一方可练吊杀，练习一段时间后甲、乙交换，双方均有机会进行吊杀和接吊杀的练习。

（3）吊对角杀直线训练法，如图5-10所示。

❶　杨光.羽毛球运动课程教学理论分析与实践研究［M］.北京：中国水利水电出版社，2017. 下同。

（4）吊对角杀对角训练法，如图 5-11 所示。

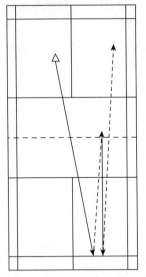

图 5-8　吊直线杀直线训练法

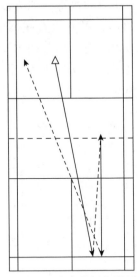

图 5-9　吊直线杀对角训练法

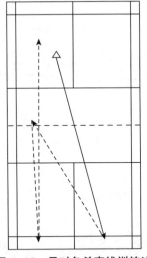

图 5-10　吊对角杀直线训练法

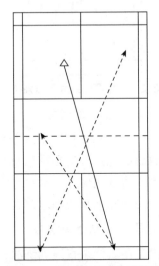

图 5-11　吊对角杀对角训练法

上述练习方法中，挑球一方都是挑直线球。在比赛中，选手需以实战需要为依据来设计与选用固定球路的组合方式。

（二）不固定球路训练

1. 不固定高吊训练法

在高吊球训练的高级阶段可采用不固定高吊训练法。这种训练方法的常见形式有"二点打四点""四点打二点"。练习者站在本方区域中心点上向左右后场区域移动，采用高球或吊球技术控制对方，而对方只能将球回击到练习者后场的两边。此练习能够培养快速移动接高吊的能力。二点打四点高吊练习可提高高吊手法的一致性。四点打二点接高吊的练习可提升运动员控制全场的能力。

总之，不固定高吊训练法有利于促进练习者判断能力、反应能力、移动能力以及控制能力的提高。

2. 不固定高杀训练法

（1）高杀对接高杀训练法

可任意打高球，在来回高球多于三拍后，伺机结合杀球来进攻。如果对方打高球回击，练习者也需要以高球还击；如果对方打杀球回击，练习者可上网放网，对方接高杀球再以挑底线高球回击。如此反复练习，可以提高运动员的高杀进攻能力。

（2）高杀对接高杀抢攻训练法

参考上述方法，这种抢攻训练法可提高运动员的高杀技术能力，培养抢攻意识。

3. 不固定吊杀训练法

（1）吊杀对接吊杀抢攻训练

可采用吊球或杀球来进行练习，此训练可提高运动员的吊杀技术水平和抢攻控网意识。

（2）吊杀对接吊杀训练法

任意采用吊球或杀球，如果对方以吊球回击，练习者接吊杀球并以高球回击；如果对方打杀球，练习者可上网放网，对方接吊杀球并以挑高球回击，反复练习，可提高运动员吊杀上网的进攻能力和接吊接杀的防守能力。

4. 高、吊、杀配合训练法

一般在运动员基本功扎实，并形成一定的战术素养后才可采用这种不固定球路的高级训练方法。这种训练方法有高吊杀对攻训练、半边场地高吊杀综合训练、全场高吊杀对接高吊杀训练等几种形式。

（三）多球训练

运动员依次回击两个或两个以上的来球，以提高回球反应能力、回球准确度，这就是多球训练法。

由教练员给练习者发球，可根据训练要求采用不同的路线、速度以及不同的组数、个数。当一名练习者练完一组后，换另一名练习者按同样的方法继续训练。每组练习者以 3 人左右为宜，以保证合理的训练密度。

多球训练中也会采用多球对练的形式进行训练，即根据训练需要用 2～4 只球进行练习，出现失误后，不需要专门去捡球，将手中的球再发出去即可，这样就有更多的时间训练，也可增加击球次数。

（四）多人陪练训练

为了提高训练效果，安排两名或两名以上的多人进行陪练，这就是多人陪练训练法。在羽毛球单打战术训练中多采用二对一的陪练法，具体训练形式如下。

1. 二一式左右站位陪练法

一人进攻时按战术线路要求发起进攻，其余二人各自负责半个场区来进行防守。两人进攻时要依据战术意图及相关要求发起进攻，要有目的性，避免盲目进攻，在还击时要依据单打的节奏及路线来控制速度。

2. 二一式前后站位陪练法

两人一前一后准备进攻，另一人负责防守。位于后场的进攻者主要采用高、吊、杀等进攻技术，位于前场的进攻者主要采用搓、推、勾等进攻技术，这样可增加进攻速度，提高进攻难度，从而提高训练效果。

（五）实战训练及比赛训练

实战及比赛训练是为了提高运动员的实战能力，使其在比赛中发挥自如，所以说这一训练方法是为了比赛而服务的。在实战和比赛训练中，要有机结合训练与实战，模拟正式比赛来进行战术训练。此外，在练习过程中，也可以组织队内、队外的热身赛，实现以赛带练的效果，从而提高运动员对实战的适应能力。

二、羽毛球双打战术训练方法

在采用双打战术时，两名球员要在发挥各自优势的基础上协同作战，默契配合，为了共同目标而努力。

在羽毛球双打比赛中，最终是要依靠每个选手发挥个人的实力来争取胜利的，因此双打战术训练方法可参考单打战术训练。参考与借鉴最多的训练方法主要有多球训练法、多球对练法、多人陪练法、实战训练法与比赛训练法。

需要注意的是，在双打战术训练中借鉴多人陪练法时，与单打战术训练稍有不同，常采用三对二训练攻守，甚至增加至四对二、三对二的进攻，二人训练反防守，这些训练方法有助于提高选手的反防能力。在三二式前后站位陪练中，一方为三人（一前二后），另一方为二人，主要是训练二人这方的双打防守意识、反转攻的意识及能力，提高其双打防守能力和转攻能力。

第三节　竞技羽毛球运动员战术意识的培养

一、战术意识的概念

羽毛球比赛场上的情况千变万化，运动员在比赛中对战况进行观察和判断，并根据赛场形势而准确采取技战术，与同伴协同配合，灵活应对，这种能力就是战术意识。运动员的战术意识对其实施战术行动具有支配作用，战术意识是运动员的思维活动，对运动员的身体活动有很大的影响。因此，在羽毛球运动员战术训练中，必须重视对其战术意识的培养。

二、羽毛球战术意识的特点

羽毛球战术意识的特点表现在下列几个方面。

（一）主动进攻、积极防守

在羽毛球比赛中，如果运动员一味被动防守，则几乎没有可能赢得比赛，羽毛球运动员一定要有很强的进攻意识，要善于伺机主动进攻。运动员进攻欲望强烈，能根据对方情况采取进攻技战术行动，抓住有利时机果断出击，不把时间浪费在犹豫不决上，这是运动员主动进攻意识强的表现。运动员强烈的主动进攻意识与其求胜欲、表现欲和进取心是密不可分的，有进取心的运动员往往对自己有很高的要求，有长远的追求，有坚持不懈的意志品质和突破创新的精神品质。

羽毛球运动中的进攻与防守是密不可分的，当一方猛烈进攻时，另一方必须积极防守，不能消极怠战，而进攻与防守是快速转换的，运动员必须尽快适应角色转换。防守并不都是消极被动的，也有积极主动的，这两种防守存在根本上的不同。积极的防守是在防守的同时寻找进攻机会，伺机转守为攻，掌握主动权，而消极防守则主要是被动应对，没有抵抗，没有反攻意识。

（二）进攻和防守有目的性

羽毛球运动员在比赛中实施的任何一个动作都是有目的的行动，甚至每个技术的细节上也有明确目的，如击球的力量、方向、落点等，这些都是为了达到预期的战术"目的"，如使对手移动到其他位置，使对手消耗更多的体力，使对手身体无法保持平衡等，运动员的战术思维参与了其制定战术目的和实现目的的整个过程。运动员有良好的战术思维，便能有目的性地选择技战术行动，明确自己的行动是为达到什么目的而实施的。

（三）准确预判对手行动

在一场羽毛球比赛中，运动员使用的技术和战术非常多，羽毛球运动员要有良好的预见性，从而能够在对抗激烈、节奏快速的羽毛球比赛中有针对性地选取技战术，提升成功进攻与防守的概率。

例如，在对手发球或接发球前，要对其发球或接发球的速度、方向、落点等进行预判，然后快速思考，在此基础上采取相应的策略来积极应对。运动员往往都是在预判的基础上做出决策和采取行动的。

（四）动作施展具有隐蔽性

羽毛球运动员在比赛中要隐蔽性地施展技战术，将真假动作、虚实动作结合起来，迷惑对方，增加其判断的难度。运动员采取任何技战术行动都要以对方的打法特点、比赛需要为依据，要快速反应，灵活应对，要在出手动作上多思考，动作变化多一些，真假动作掺杂，制造假象，隐蔽真实意图，这样对手就不容易准确判断你将要发什么球了。

例如，当本方获得网前进攻的机会后把搓球动作做得明显一些，让对手以为本方真的要发搓球，当其做出应对的准备动作时，本方立即发推球，使对手措手不及，防守失败。

（五）灵活运用战术

羽毛球战术丰富多样，面对不同的来球要选择不同的战术行动来灵活应付，而不能一直使用一种单一的固定不变的战术，也不能不顾实际而盲目变化战术，战术运用必须灵活，要有规律，符合实际情况，能满足比赛需要。运动员对战术灵活运用，前提是要能够准确判断与分析什么样的战术可以使自己达到目的，顺利得分。运动员运用战术怎么才算是灵活，要看其能否在不同条件下面对同一对手的不同状态或面对不同对手而果断采取最佳战术。

（六）默契配合

在羽毛球双打比赛中，任何一方两名搭档的默契配合能力都会对其最终比赛结果起到决定性影响。配合默契的搭档往往能够从对方的眼神、动作、手势或暗语中获取重要信息，及时采取行动来配合搭档，达到共同的目的。羽毛球双打搭档应彼此信任，彼此认可，能够优势互补，达到"1+1＞2"的效果，增强己方进攻和防守的能力。

三、羽毛球运动员战术意识的培养方式

（一）在羽毛球战术理论的讲授中培养战术意识

对羽毛球运动员的战术意识进行培养，首先要使运动员知道羽毛球战术指的是什么，这需要在羽毛球战术理论教学中进行讲解和传授，教练员采用语言教学法进行战术理论教育，对羽毛球战术的基本知识进行准确讲解，传递重要信息，从而使运动员理解羽毛球战术的含义，建立正确的羽毛球战术概念。

需要注意的是，在战术理论教育中，教练员不仅要讲解重要知识，传递重要信息，还要启发和引导运动员积极思考，培养其智力，为运动员形成强烈的战术意识奠定良好的基础。

（二）在羽毛球战术训练中培养战术意识

培养羽毛球运动员的战术能力，需要进行科学而系统的羽毛球战术训练。在羽毛球战术训练中，教练员一直以来只强调动作训练的重要性，而对战术意识的培养与训练很少关注，缺乏强烈的战术意识是羽毛球运动员在比赛中对战术的运用不灵活、不充分且频频失误的主要原因之一。

事实上，在羽毛球战术训练中，运动员完成的所有动作都是以意识和思维的参与为前提的，因此在战术训练过程中，要多启发运动员思考，鼓励运动员提问，如不同发球抢攻战术有哪些差异？不同发球抢攻战术分别适用于什么情况？为达到最佳战术效果，应如何灵活选用战术方法？等等。运动员思考这些问题，咨询教练员，积极寻求答案，对提高战术意识具有重要意义。

在羽毛球运动战术动作训练过程中，运动员要通过反复不断的训练对战术的动作要领加以充分掌握，促进动作表象的形成，运动员常采用分解练习与完整练习相结合的方法来训练，从而循序渐进地熟练掌握技术动作的全过程。在循序渐进的训练中，战术意识始终发挥重要作用，运动员能够体会到战术意识对战术行动的支配作用及其对提高训练效果的重要意义。

（三）在羽毛球模拟比赛中培养战术意识

羽毛球运动员在比赛中的神经兴奋度比在日常训练中要高，心理活动也比日常训练更频繁，更容易爆发潜能。所以在模拟比赛中对运动员的战

术意识进行培养能够取得良好的效果。教练员在组织模拟比赛前，要先进行基础指导，发现运动员哪些技术环节比较薄弱，指出问题，帮助纠正，促进运动员技术的改进与提高，强化其对正确技术的记忆。如果赛前指导对象是双打运动员，则要重点让搭档之间相互进行战术交流，从而保证比赛中战术行动的一致性和战术目的的统一性。在模拟比赛过程中，教练员利用中场休息时间帮助运动员分析问题，制定战胜对手的策略。在模拟比赛结束后，对运动员的赛中战术表现进行总结，找出由意识主导产生的经验，并使运动员自我反省，促进其战术意识的巩固与提升。

第四节　竞技羽毛球战术训练的创新探索

一、加强突击训练

（一）羽毛球突击战术

羽毛球运动制胜规律中，"快"是第一位，只有具备这一条件，才有可能完成对最高、最前的击球点的争抢，增加对手回球的压力和难度。"快"是一个总体要求，具体表现在"狠、准、活"上，基本的"快"体现在"狠、准"上，深层的"快"体现在"活"上，"活"支配着"狠"和"准"。鉴于羽毛球运动员中"快"的重要性，在羽毛球训练中必须加强专项速度训练，并将速度训练和战术训练结合，这便形成了突击训练的新方法。

以拉吊突击为例，其对技术全面，手法细腻、灵活的亚洲人非常适用，能打出出其不意的球，使对手难以顺利回击。这种打法比传统打法更灵活、稳妥，而且进攻性强，能够给对方带来威胁。当对方乱了阵脚或回球失误时，采用拉吊突击打法能够给对手致命一击。拉吊突击更适用于羽毛球男子单打比赛中。

在拉吊突击中，"拉吊"是前奏，"突击"是后续。"拉吊"包含了很多因素，如速度、力量、变向、节奏、落点等，体现了运动员的综合素质，能够将运动员的训练效果和技能水平充分体现出来。"拉吊"运用得好，能够为"突击"创造良好的条件。合理运用"拉吊"将对方成功调离后，向对方空位突击杀球，使对方来不及接球，陷入被动局面。

（二）羽毛球战术突击训练方法

1.两人全场杀球上网

这是一种以训练进攻能力为主的相互训练方法，要求运动员无论在后场区域的什么位置，都要快速先移动到网前再杀球，以上网搓球、勾对角球为主，从而将主动权掌握在自己手中，并再次进行对进攻机会的创造，练习的回合数越多，就越能达到好的训练效果。

2. 一打二进攻训练

运动员在熟练掌握和能够灵活运用高球、吊球、杀球的情况下，从场上实际情况出发而积极思考，结合自己的球路意识对拉吊突击战术球路加以运用。一打二的进攻训练有较大的难度，需要有更快的速度，承受更高强度的负荷，远远比一对一训练要难，这项训练如果运用得好，则有助于提升运动员熟练运用拉吊突击战术的能力。

二、注重假动作训练

（一）羽毛球假动作技巧分析

1. 回击网前球假动作技巧

（1）虚推实拨

当对方击网前球时，快速移动到位，在球还没有落到球网顶端时假装直线推球，做出逼真的推球姿态，当对方将注意力集中到网前的一角时，本方球拍方向突然改变，以拨球方式向对方网前另一角回击，使其措手不及。

（2）虚搓实勾

当对方击网前球时，快速移动到位，手臂伸展，球拍转至平行地面，假装搓球，当球拍到达羽毛球下方时突然勾对角线球，使对手难以迅速应对。

（3）虚发实放

当对手击网前劈吊球时，先对球的飞行轨迹、落点进行准确预测，然后快速移动到位，大幅度挥拍假装击高远球，当对手退到后场时，击球刹那控制手腕力量，轻击球托回击至对方网前，使对方来不及接球。

（4）虚挡实搓

当对手击对角网前球时，迅速移动到位，在球刚从球网上方飞过时假装做出正向挡击球的姿势，当球下落时突然变化拍面方向至平行于地面，以搓球方式回击，导致对方难以顺利回球。

2. 中场球假动作技巧

（1）虚杀实摸

当对手在后场击球时，迅速移动到位，起跳挥拍做杀球的假动作，球拍即将击中球拖时，手腕部控制力量改为"摸"球，向对方网前回击，使对手难以顺利应对。

（2）虚杀实压

当对手击中场球时，及时移到中场接杀，假装杀球，在最后时刻突然改为击向对方后场的平高球，使对方来不及移动，造成低质量回球。

3. 后场球假动作技巧

（1）下手击球

当对方压制本方的反手后场时，假装做出回击反手上手球的准备姿势，使对手误以为自己击球出界，放松警惕，此时在球快要落地时迅速反手挥拍以大角度网前球进行回击，造成出其不意的效果。

（2）反手击球

当对方压制本方的反手后场时，大幅度反手引拍，假装做出击高远球的准备姿势，但快要挥拍时迅速以手腕力量对拍面进行控制，以斜线劈对角网前球的方式回击，造成对方防御困难。

（二）羽毛球假动作与真动作的一致性训练

羽毛球假动作是具有隐蔽性的，在羽毛球假动作训练中，不能只进行假动作训练，而要与真动作结合起来进行同步练习，否则如果习惯了使用假动作而不能顺利转换到真动作，就达不到使用假动作的战术意图和目的了，最终会使自己处于被动局面。可采用多球训练法来进行真假动作的一致性训练。

一般多在网前和后场使用假动作，所以在假动作训练过程中，刚开始以网前球练习为主，之后进行勾对角线球和推球练习，在熟练放网前球、勾对角球和推球后，再进行在击球瞬间转变击球方向的大量练习，练习时教练员来回移动击球，使运动员对击球的目标位置把握不定，当练习者回球时教练员大声喊出回击方式，使练习者瞬间变化击球方式，通过真假动作一致性训练提高假动作的使用效果，使练习者在比赛中善于运用假动作隐藏真实意图，达到战术目的。

第六章　竞技羽毛球体能训练

　　体能是羽毛球运动员竞技能力结构中最基本的一个组成部分。快速灵活、变化多端、对抗激烈的羽毛球运动要求运动员具备承受大负荷训练的能力，而这个能力是由运动员的体能所决定的。羽毛球运动员的体能水平对其技战术的发挥具有重要的影响，因此在竞技羽毛球系统训练中必须加强体能训练，打好体能基础，促进运动员体质健康和竞技能力的提升。体能训练主要围绕五大身体素质展开，即力量、速度、耐力、柔韧和灵敏，本章主要就竞技羽毛球运动员这五大身体素质的专项训练方法展开研究，并在最后提出竞技羽毛球体能训练方法的创新及新方法的应用，以更好地提升体能训练质量，提升羽毛球运动员的体能水平。

第一节　竞技羽毛球力量训练

　　力量素质是身体或身体某部位用力的能力，也是肌肉在活动（运动）时，克服阻力的能力。发展力量素质对改善人体形态结构、能量代谢、神经系统调节能力以及植物性机能都有积极影响。力量素质是羽毛球运动员身体素质中最基础的素质，对其他身体素质有重要影响，因此必须通过科学训练打好这个基础，以增强羽毛球运动员的肌肉力量，并促进其他身体素质的发展。

一、上肢力量训练

（一）6项哑铃操练习

这项训练内容如下。
（1）哑铃前臂头后举练习。
（2）哑铃两臂上下8字绕肩练习。
（3）哑铃前臂屈伸练习。
（4）哑铃手腕屈伸练习。
（5）哑铃体前手腕绕8字练习。

（6）哑铃体前前臂挥动 8 字练习。

以上每个动作依次完成为 1 组，每次练习 4～6 组。

（二）负重挥拍练习

用装满沙子的饮料瓶或是羽毛球拍（道具）负重，交替做与击球动作相似的练习，发展上肢力量。握拍方式与实战击球握拍方式相同。

1. 前臂屈伸练习

持拍手持握一道具，屈臂举至肩上方，上臂固定不动，以手肘为轴心，做前臂、手腕前后快速屈伸练习。当手臂伸至肩上方最高点时，手腕配合做内旋击球动作

2. 前臂前后快速挥臂练习

持拍手持握道具，置于体侧肩以上部位，以肩为轴心，快速做前臂前后摆臂练习。

3. 手腕屈伸练习

持拍手持握道具，直臂举至肩上方，前臂和肘部均不移动，仅以手腕快速做前后屈伸练习。

4. 手腕环绕练习

持拍手持握道具，置于体前固定位置，分别以腕或以肘为轴心，用手指或手腕交替做环绕挥动练习。

5. 后场击高球或杀球动作挥拍练习

持拍手持握道具做高球或杀球击球动作的挥拍练习。既可原地练习，也可以结合后场转体起跳击球练习，要保持一定的挥拍速度。

6. 体侧正、反手抽球动作挥拍练习

持拍手持握道具，在体侧做正、反手抽球击球挥拍动作练习。

7. 反手高手击球动作挥拍练习

持拍手持握道具，置于体侧左肩上方，做反手高手击球动作挥拍练习。

二、下肢力量训练

（一）下肢负重跳跃练习

练习内容如下。

（1）全蹲向上起跳练习。

（2）收腹双腿跳练习。

（3）单或双脚全力向上纵跳练习。

（4）单或双脚向前后左右跳跃练习。

（5）弓箭步左右两侧并腿转髋跳练习。

（6）弓箭步前后交叉腿跳练习。

（7）单或双脚蹬台阶跳跃练习。

（8）左右体前交叉跳跃转髋练习。

（二）杠铃负重练习

练习内容如下。

（1）前脚掌蹬跳练习。

（2）左右脚蹬高练习。

（3）原地左右蹬跨弓箭步练习。

（4）交叉弓箭步跳跃练习。

三、躯干力量训练

（一）腰部肌肉练习

做负重踢腿练习，以发展腰肌力量。

1. 左右脚正踢腿练习

前踢腿向上踢得快速而且具有爆发力，支撑腿踝部要配合前踢腿做提踵动作。

2. 左右脚侧踢腿练习

侧踢腿向上踢的同时，髋部要配合做侧转，支撑腿配合侧踢腿做提踵动作。

3. 左右脚后踢腿练习

后踢腿向后踢的同时，上体做后仰动作。

4. 腰部前俯后仰练习

两腿与肩同宽侧靠肋木站立，非持拍手扶住肋木，腰部做前俯后仰练习。练习中当身体后仰时，持拍手尽量摸足跟部。前俯时，持拍手由后仰动作配合击球动作向前上方用力挥动，带动腰部以类似正手击球做大弧度的转髋、转肩动作，加强腰背部位的韧性。

（二）实心球练习

1. 左右转体练习

两人一组，相距 1 米左右，背对背站立，两人持实心球做相反方向（即一人向左、一人向右）的转体传接球练习。要求转体时双脚不移动，仅上体快速左右转动，速度越快越好。

2. 躯干前后屈仰练习

两人一组，相距 1.5 米左右，背对背站立，持实心球以前屈后仰动作完成一人上接、一人下传的传接球练习。

3. 抛掷实心球练习

两人一组，相距 10 米左右，面对站立，做双手或单手肩上抛掷球练习。要求运用类似鞭打的动作将球抛出，距离越远越好。

第二节　竞技羽毛球速度训练

速度素质是羽毛球运动员体能训练的核心内容。从某种意义上说，羽毛球竞赛就是以不同形式的速度竞赛决定胜负。羽毛球技战术风格中的第一点就是"快"，这是通过不同形式的速度来体现的。因此，羽毛球专项速度素质训练主要围绕反应速度、起动加速度、变向移动速度、挥拍速度和前后场配合的连贯速度等几个方面来进行。

一、反应速度训练

（一）场地步法练习

1. 听或看信号进行快速全场移动步法练习，以及前场、中场和后场各种分解和连贯步法练习。

2. 看手势进行各种向前后左右的并步、垫步步法练习，以提高运动员的反应速度。

（二）起动步法练习

听或看信号做起动步法练习，提高运动员的判断能力和反应速度。

（三）击球挥拍练习

听教练喊 1、2、3、4 等数字口令，按照预先约定姿势做击球挥拍动作练习。

二、移动速度训练

（一）发球上网步法练习

在端线发球位置发球后，迅速接上网步法。

（二）场地四角跑练习

沿半块球场的长方形边线快速冲跑，在转角处变换方向更快。

三、动作速度训练

（一）快速跳绳练习

1. 单足快速变速跳练习

采用1分钟快、1分钟慢的小密频步、高抬腿、前后大小交叉步等专项步法动作，做快速变速跳绳练习。

2. 1分钟快速移动跳练习

1分钟内以最快速度完成前后、左右场地移动跳，要求突出速度，以速度快者为佳。

（二）多球练习

1. 快速封网练习

练习者站前发球线附近准备，陪练者站场地另一侧快速持续地发平射球，练习者快速持续数次移动至网前封击。

2. 多球前场快速接吊、杀球练习

练习者于中场位置以防守站位准备，陪练者站在同侧场地前场位置用杀球和吊球线路向练习者抛球，练习者连续做被动接吊、杀球练习。

3. 快速击打全场球练习

练习者站在单打场地中心准备，同伴站在场地另一侧运用多球向练习者发各种位置的球，练习者跟上发球速度，连续快速地回击。

（三）快速挥臂练习

1. 前臂屈伸快速挥拍练习

持拍手臂贴耳置于肩上，上臂不动，以肘为轴，仅以前臂后倒前伸击球的动作做快速持续的挥拍练习。

2. 前臂体侧前后摆动挥拍练习

持拍手置于与肩齐平的高度，手肘微屈、前后摆动，用类似拍打陀螺的动作做快速摆臂练习。

3. 手腕前屈后伸快速持续挥拍练习

持拍手臂贴耳置于肩上，上臂和前臂伸直不动，仅靠手指控制握拍，手腕以前屈后伸动作做快速持续挥拍的练习。

4. 手腕快速绕 8 字挥拍练习

持拍手在体前，以肘为轴固定不动，手指放松握拍，仅用手腕沿 8 字形线路快速持续地做挥拍练习。

5. 快速抽球挥拍练习

按信号或节拍做各种正、反手快速持续抽球挥拍动作练习。

6. 快速连续杀球挥拍练习

上下肢协调配合，用完整杀球动作快速持续地做挥拍练习。

（四）击墙壁球练习

1. 封网动作快速击球练习

面对平整墙壁 1 米左右站立，在头前上方以封网动作向墙壁连续快速击球。

2. 接杀球击球练习

面对墙壁站立，用接杀挑球或平抽球动作快速向墙壁连续击打前腰部上下位置的球。

（五）下肢快速频步训练

练习内容如下。

（1）原地快、慢变速高频率小密步踏步练习。

（2）原地快、慢变速高抬腿练习。

（3）原地快、慢变速向前、向后屈腿踢练习。

（4）原地快、慢变速转髋练习。

（5）原地快、慢变速体前左右交叉跳练习。

（6）原地快、慢变速向前小垫步接向后蹬转练习。

以上练习按照慢—快—最快，再由最快—快—慢的节奏进行练习，时间控制在 20 秒慢转为 30 秒快，或是 1 分钟快再接 30 秒最快的速度交替进行练习。

第三节　竞技羽毛球耐力训练

耐力是对抗疲劳与疲劳后快速复原的能力，也是坚持剧烈活动的能力。耐力尤其是速度耐力对羽毛球运动员具有非常重要的作用。羽毛球运动员在比赛中不仅需要速度，而且需要耐力，否则会因过早疲劳而对比赛成绩产生不良影响。因此加强竞技羽毛球耐力训练至关重要。

一、冲刺跑加移动步法练习

200 米、300 米或是 400 米全力冲跑后，立刻进行 45 秒或 1 分钟全场移动步法练习，完成两项内容为一组，中途没有间歇，组间间歇 3 分钟左右。依据选手的具体情况，可采用 2 组、3 组、5 组不等的练习负荷。

二、多球速度耐力练习

运用多球进行全场各种位置的连续击球练习，主要包括如下内容。

（1）多球后场定点连续击打高吊杀练习。

（2）多球连续被动接吊杀练习。

（3）多球连续全场杀球后上网练习。

（4）多球双打后场左右连续杀球练习。

（5）多球全场封杀球练习。

（6）多球全场跑动练习。

三、单打持续全场进攻防守练习

运用 5 ～ 6 个球，一人专门负责捡球，出现失误时立即再次发球，使练习者没有间歇，在规定时间内以较高速度反复移动击球。练习内容如下。

（1）二一式 20 或 30 分钟不间断持续全场进攻练习。

（2）三一式 30 分钟不间断持续全场接底线和网前球练习。

（3）三一式和四一式单打全场或是双打半场及全场防守练习。

第四节　竞技羽毛球柔韧训练

柔韧素质是指人体各关节活动的幅度，肌肉和韧带的伸展性和弹性。羽毛球运动是上下肢、躯干的全身性协调运动，每一个技术动作的完成都需要协调和柔韧。柔韧性和协调性的好坏直接影响动作力量的大小、速度的快慢和动作的准确性，柔韧性差可能会导致动作错误与不规范。所以在羽毛球体能训练中要科学安排柔韧训练的内容与方法。

一、上肢韧带伸展性训练

（一）手腕柔韧练习

手腕以屈伸、外展、内收等动作，做顺时针、逆时针转动绕环练习。

（二）绕肩练习

两手举到头顶，以直臂或屈臂姿势向前绕臂，再向后绕臂，如此快速向前、向后做绕肩练习。

二、下肢韧带伸展性训练

（一）腹背屈仰练习

手扶一个固定物，自然站立，两脚开立与肩同宽。右手持拍者手臂上举，先向后仰用手触摸右跟腱部位，再以击球姿势收腹，同时再向前屈体用手触摸右足尖部位。左手持拍者动作相似。

此练习也可改为两人背向站立，相距 1 米左右，持实心球做上体前屈、后仰的传接实心球练习。

（二）踢腿练习

快速正向、侧向和后向的踢腿练习。

（三）弓箭步跨步练习

以弓箭步步法进行跨步练习，50 米为一组。

（四）拉跟腱练习

脚掌立靠墙壁，身体重心靠向墙壁方向，坚持 30 秒，重复练习。

三、腰部柔韧伸展性训练

（一）绕环练习

两脚开立与肩同宽，向左前、右前、左后、右后、左侧、右侧做伸仰练习。

（二）转腰练习

两人背向站立，相距 1 米左右，持实心球做左右转体传接球练习。也可以运用近身被动击球动作做快速转腰练习。

第五节 竞技羽毛球灵敏训练

灵敏是一种综合素质，是运动技能和各种素质在运动中的综合体现。羽毛球运动击球速度快，对运动员的身体灵敏性有很高的要求。羽毛球运动员在球场上完成各种移动、转向、跳跃及击球动作都离不开良好的灵敏素质，因此必须重视对灵敏素质的专项训练。

一、上肢灵敏训练

（一）手腕前臂灵敏性训练

训练内容如下。

（1）快速和变向用手接各种前半场小球练习。

（2）快速左右前后一步腾空接球练习。

（3）快速用手接上下左右和前后位置来球的练习。

（二）手指灵敏性训练

（1）捻动球练习

手持球于网前，用手指捻动球，使球在手掌内做上下、左右的翻滚练习。

（2）抛接球练习

手持球，将球向前后左右和向上抛起，再用手迅速接住，反复练习。

（3）持拍绕环练习

双手持拍在体侧前方位置做同侧前后手臂大绕环练习，或是做异侧大绕环练习，即一只手向前绕环，另一只手同时做反方向大绕环。

二、下肢灵敏训练

（1）快速提踵练习。在 10～20 秒内用最快速度完成。

（2）两脚交替高频率踏跳。在 10～20 秒内用最快速度完成。

（3）半蹲，以最快速度向两侧并步移动。也可以在短距离内变换方向。

（4）高频率前、后分腿跳和左、右分腿跳。

三、髋部灵敏练习

（一）原地转髋练习

髋部向左、右连续转动，向右转时右腿向外旋、左腿向内旋，两脚尖方向一致向右，身体向前，上体保持平衡，仅下肢转动。髋部向左转时左腿向外旋、右腿向内旋，两脚尖方向一致向左。

（二）高抬腿交叉转髋练习

高抬腿姿势，当腿抬至体前最高点后迅速向左或向右转体，持续完成高抬腿交叉转髋练习。

（三）快速转体练习

以左脚为轴，右脚向前、向后做蹬步转体练习。

（四）小密步垫步前后蹬转练习

右脚向前移动半步，左脚紧跟其后迅速垫一小步靠向右脚，此时以左脚为轴心，右脚向后蹬地转体，左脚退回小半步，右脚再向前移动半步（重复第二次），反复进行。

（五）收腹跳练习

双脚全力向上纵跳，同时双腿向胸前屈收，完成屈腿收腹动作，连续跳跃一定次数，反复进行。

第六节　竞技羽毛球体能训练的创新探索

一、羽毛球数字化体能训练

（一）数字化体能训练概述

随着体能训练的不断发展，在现代体能训练中对测评运动员的身体运动功能、中枢神经控制训练、运用大数据对技术动作进行捕捉与分解、功率和爆发力训练等这些内容都非常重视。随着科技的进步及其与体育关系的愈发密切，大数据分析、人工智能等科技成果在竞技体能训练中得到了广泛的应用，使竞技体能训练获得了高速发展，并产生了数字化体能训练的新模式。

数字化体能训练指的是在体能训练中将各种先进的现代化仪器设备运用起来去实时监控运动员体能训练过程中的生理数据、运动表现和训练数据，进而对获取的信息进行分析、总结，并以此为依据对体能训练计划进行调整与完善的新型训练模式。数字化体能训练适用于大部分运动项目的训练中，在羽毛球体能训练中运用数字化体能训练模式对提升训练效率和训练水平具有重要意义。

（二）数字化体能训练在羽毛球体能训练中的应用

这里主要以数字化体能训练方法在羽毛球速度素质训练中的应用为例来分析。羽毛球运动员的速度素质主要反映在其对随机信号所做出正确反应的速度和按信号完成动作的速度上。速度素质包括三方面的内容，即反应速度、位移速度和动作速度，这三者在羽毛球速度素质训练中缺一不可。

羽毛球速度训练常用手段有信号刺激、选择信号反应、运动感觉测试等。随着一些高科技成果在羽毛球训练中的不断应用，数字化训练充分发挥了其功效和作用。例如，在羽毛球运动员速度训练及速度与挥拍的结合训练中，可运用人控反应灯，测试羽毛球运动员的绝对速度时可运用灵敏测速仪，这对提高运动员的位移速度和反应速度都具有重要意义。采用红外线灵敏测速仪统计羽毛球运动员的速度数据能够为科学制订速度训练方案提供参考依据。

二、羽毛球悬吊训练

（一）悬吊训练的作用

悬吊训练虽然产生时间较早，但在羽毛球体能训练中还未得到充分运用，所以对羽毛球运动员来说还是一个比较新的训练方法。在羽毛球体能训练中采用悬吊训练法，需要用到悬吊器械、海绵橡胶垫等器材工具，采用这些工具进行针对性训练对提升运动员的体能水平具有重要意义。

1. 促进核心力量的增强

应用悬吊训练法，有助于促进运动员躯干核心力量的增强，提升运动员全身肌肉力量。

2. 促进平衡力的提升

平衡力对羽毛球运动员来说是十分重要的，羽毛球运动员在比赛中完成各项技术均需要良好的平衡力，只有平衡力强才可能在良好的身体控制下将击球技术顺利完成。

3. 促进运动损伤的防治

羽毛球运动员在训练和比赛中难免会因为一些因素的影响而发生运动损伤,采用悬吊训练方法对预防运动损伤具有重要意义。在发生损伤后的康复训练中也可以采用悬吊训练法,有助于促进身体康复。

(二)悬吊训练在羽毛球体能训练中的应用

1. 上肢训练

(1)仰卧屈臂上拉

仰卧在垫子上,伸直双臂,双手将悬吊环握住,两脚并紧。慢慢屈臂将身体向上拉,当身体与地面形成70°左右的夹角时,逐渐还原。每组重复12次,共完成5～10组,组间间歇1分钟。

(2)双臂俯卧撑

双手将吊环握住,双臂伸直,两脚并拢,做俯卧动作。用2秒钟时间完成一次动作,每组重复12次,共完成5～10组,组间间歇1分钟。注意训练时保持身体平衡,避免腿部发力。

2. 下肢训练

背向悬吊绳站立,一只脚套在悬吊环上。慢慢屈膝下蹲,直至大腿基本平行地面,此时吊脚移动至体会到拉伸感,然后还原,重复25次为一组,共完成10～15组,两脚交替练习。注意练习过程中身体绷直。

3. 核心区域训练

(1)仰卧双腿悬吊挺髋

坐在垫子上,两手将悬吊环握住,然后挂住脚跟。仰卧时肩膀完全落在垫子上,展开身体,缓慢屈膝,两臂固定,提髋直至达到一定高度后保持45秒左右,然后还原,重复练习,间歇时间为45秒左右。要注意身体绷直,练习动作匀速完成,呼吸要均匀。

(2)双肘静力支撑双腿悬吊

坐在垫子上,交叉吊环,两手将吊环握紧,及时套住两脚,双臂伸展支撑身体,保持45秒左右,然后还原,重复练习,间歇时间为45秒左右。训练时注意躯干始终保持水平,呼吸要均匀。

第七章 竞技羽毛球后备人才培养的理论与现状

优秀羽毛球后备人才的持续供应是我国竞技羽毛球运动可持续发展的重要保障。羽毛球后备人才的选拔与培养密不可分，在科学选材和系统培养中要坚持正确思想和科学理论的指导，构建科学而完善的理论体系，在理论引导下，结合我国竞技羽毛球后备人才培养现状探索出路。本章主要对竞技羽毛球后备人才培养的理论与现状展开研究，包括竞技体育后备人才培养，竞技羽毛球运动科学选材，我国竞技羽毛球后备人才培养的发展历程、现状及影响因素。

第一节 竞技体育后备人才培养

一、竞技体育后备人才培养的指导思想

我国竞技体育后备人才培养的指导思想主要是以人为本、体教结合和可持续发展。

（一）以人为本

要对后备的体育竞技人才进行储备和相关培养，就要对体育人才进行全面的关注，从他们的衣食住行等方面加大关注度，切实为这些体育"储备军"们打造适合的、独特的以及有针对性的训练计划。关注到每个人的需求，看到其在体育事业上的闪光点，随着社会科技进步的步伐，使培养体育竞技人才的计划更具有科学性。

（二）体教结合

培养体育项目的竞技人才既需要加强其体育竞技方面的专业知识水平，还需要对其文化知识和体育知识方面进行培养。新时代发展下，体育竞技不再是简单粗暴、二者区分的，更多的是双管齐下，相互结合。树立

体教结合的指导思想，应做到以下几点。

（1）体育方面的教学既要教授关于竞技体育的常识要点，也要有针对性的训练，达到学科知识稳固基础上的竞技体育的繁荣发展，这才能使我国体育保持世界前列的水平。

（2）随着社会日益进步，对于竞技体育的长期发展预测，更侧重于将体育训练活动与掌握相关知识教育结合，这会对国家的竞技体育"生命"有着巨大的延展性。

（三）可持续发展

想让竞技体育一直处于可持续发展状态，就要让体育成为研究的课题，既要有相关的训练内容，如针对技术人员的专门的训练项目，增加项目的科学性，又要切实提高体育人才对体育理论知识的掌握。只有将理论知识和体育相关训练实操相结合，才会使更多的体育人才保持强有力的竞争力，也使我们国家的体育生命更持久。

二、竞技体育后备人才培养的原则

竞技体育后备人才培养的基本原则主要包括以下几项。

（一）科学性原则

体育项目虽然看起来操作性比较强，但其内在动力还是需要不断地学习专业知识，将专业知识内化在日常训练中。因此，竞技体育的训练和培养都要符合其发展规律，将体育训练中人的主观能动性发挥到最大，从而使竞技体育保持持续发展。

在培养体育人才时，要使用专业的培训机构、专业的训练团队，除了为体育人才的日常训练制定科学的、专业的、个性化的计划，也要为他们的日常生活提供相关的帮助。同时可以学习国外一些更具有科学性的训练方式，让我们的体育竞技事业向着更科学的方向发展，形成我们特有的体育竞技计划。

（二）协同性原则

在竞技体育后备人才培养中贯彻协同性原则，要做到以下两点。

第一，体育项目的人才培养既要抓住主要的训练环节，也要统筹各个部门的配合发展，制定出切实可行的统一计划，为了实现共同的培养目标，将各个方面积极地调动起来，发挥各自的效能。同时要与学科专业文化知识以及日常体育项目相结合，统一进行，相互配合。

第二，在对竞技体育的人才招收上，要放眼全国，扩大相关的招生范围，将更多优秀的体育特长生吸收到体育人才储备中。既要对他们进行体育项目的训练，也要创造机会，多鼓励其参加相应的专业比赛，在实战中磨炼自我。

（三）多元化原则

竞技体育后备人才培养的多元化原则主要表现为培养模式多元化、训练方式多元化以及资金筹备多元化。

1. 模式多元化

在模式方面，"包括体育系统专业队靠在学校、在专业队训练，在学校进行学习的模式；学校、专业队一体化的模式；体育学院兴办竞技体校的模式；高校举办高水平运动队的模式；传统体育中小学校的模式；体育试点学校多模式共存的模式"。上述这些体育培养模式各自有其优势和短板，这就说明在选择体育人才训练模式中，更应该有针对性地选择相关的模式，而且要将这些模式融合，扬长避短，从而达到培养出更优秀体育人才的目的。

2. 训练多元化

不同的体育训练项目有着各自的发展特点，不同项目的人才培养计划也各有不同。需要训练者的身体素质、手脚配合、战略战术、基本训练程度各有不同，想针对各种训练项目培养人才、储备人才，就要结合不同专业和训练者自身情况，制定更符合实际的计划和实操，不局限训练的方式、程度，以更人性化、个性化的服务培养体育人才。

三、我国竞技体育后备人才选拔与培养模式

（一）举国体制模式

新中国成立之初，由于当时的经济条件所限，并且缺乏科学的训练指导，我国采取了由国家牵头的方式，主导体育项目人才的训练，集中发展体育项目，这样便于更好地分配国家的体育训练和比赛等相关资源。这样的与计划经济相适应的体育管理模式，被称为"举国体制模式"。在当时的计划经济大环境下，这样的模式更加利于国家集中当时优秀的体育资源，有针对性地发展各项体育项目，同时可以自上而下地统一体育训练的各个单位，共同配合培养这些竞技体育人才，保障他们的相关生活所需。也正是因为这一模式，近几十年的体育赛事成果收获颇丰，培养出了大批

优秀体育队员，也获得一系列个人和团体的好成绩，为我国竞技体育培养人才的计划打下坚实的基础。

（二）金字塔模式

20世纪80年代中后期，我国经济发展模式由以计划经济为主转变为以社会主义市场经济为主，我国竞技体育管理模式出现了新的竞技体育后备人才选拔与培养模式——金字塔式人才培养模式。

金字塔模式与之前的举国体制模式不同，是结合我国经济形势的变化、国际国内体坛形式变化而产生的一种新模式。这一模式逐渐由之前国家主导，转变为相对自由的国家管理和社会管理相结合的方式，将竞技体育的训练和人才培养下移到各个学校、企业甚至是社会团体中，使竞技体育更贴合人民大众的生活，也相对更加自由。这是在适应我国经济政策下的一种良性发展，是国家办与社会办相结合、集中与分散相结合的竞技体育新模式。当然其中也有弊端，就是在实行"金字塔模式"时，依然免不了对于政府的依赖状态，自主能动性还是较少，培养模式和人才的选拔都依然受国家政府的指挥，并没有真正形成我国独特的竞技体育人才培养机制。正因如此，导致新的人才模式在运行中出现了以下问题。

（1）竞技体育的相关训练活动科学性比较薄弱。

（2）体育专业知识的培养和体育项目的训练没有结合起来，导致许多运动员由于文化程度较低，没有合适的生活来源和工作保障。

（3）教育系统训练资源短缺，后备人才培养体系难以建立。

（三）体教结合模式

在世界各国都有着自己独特的体育竞技人才储备模式，这也是因为各个国家有着不同的发展情况，我国亦是如此。我们既要发展符合我国国情的运行模式，也要结合当前世界上比较优秀的体育训练模式，这样才有利于我国的竞技体育人才培养和储备模式发展得更快、更好。目前我国的体育模式还存在着一些不足，所以需要更加客观地看到这些不足，从而积极地改进，建立起适合当前发展的人才培养模式。

今后，希望我国的竞技体育人才储备模式能走一条体育教育和体育训练相结合、体教相结合，体育系统、教育系统与社会系统有机结合的道路，横向上是合作和竞争的关系，纵向上层层连接（如图7-1所示）。

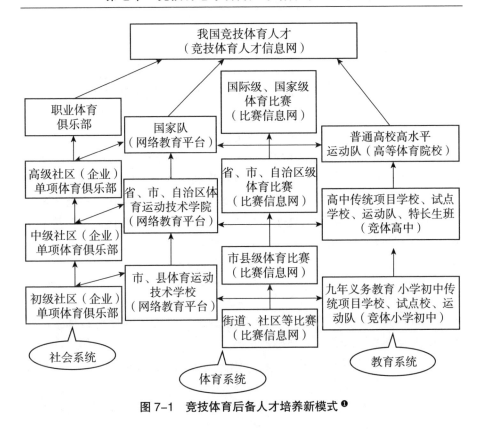

图 7-1　竞技体育后备人才培养新模式 ❶

第二节　竞技羽毛球运动科学选材

一、竞技羽毛球运动科学选材的原则

(一)可靠性选材原则

在羽毛球运动员选材中，需要采用合适的、统一的评测标准，而且需要专业的测量用具，以便选择更科学、更具有价值，并且使得测量结果更具有科学性和可信性，这就是选材的可靠性原则。

选材中贯彻该原则应注意以下事项。

第一，一些选材的用品，如测量工具、衡量尺度、相关的操作事项，以及使用说明等都需要统一的标准和严格的要求，这样才能让最终的结果

---

❶　张志华. 我国高校竞技体育后备人才培养的理论与实践研究 [M]. 北京：化学工业出版社，2014.

获得认同。

第二，在选择相应的评判规则时，要尽可能地完善，要反复地使用，保证这一评价准则能够统一实行，对最终结果也能保持科学性。

第三，在拿出最终结果前，避免在判断中的主观猜测和判断，要尽可能地保证其科学性，减少人的客观情感对评测产生的影响。即使一些比较有难度的量化内容，也要最大限度保证客观性。

第四，对于相关的评测内容和评测对象，都要结合选材对象自身能力，选择出选材对象的最优状态，进行合理利用。

在羽毛球运动员选材中，随着相关球类运动的内容更新，也会使得羽毛球在相关选材内容和方法上有所改善，但无论如何变化，都要使其保证客观性和科学性，在每一个评测环节都要注意保持这样的标准，一以贯之。

（二）实效性选材原则

实效性是选材要达到的最根本目标，也是要实现的最终目标。后续所有的内容都要围绕着这一目标所展开。这就要求在进行评测相关内容的方法上、对内容评测的标准上，以及相关的标准度和评测对象，都要关注到，以此保证多方评测的科学性和长期性。

简单来说，在羽毛球运动员选材中既要保持羽毛球运动特有的项目评测内容，同时也要涵盖一些羽毛球运动最新的运动评测指标，让这样的评测能更具有专业性的概念。得出的最终结果也是更加的具有客观性，不然就太过于片面化和单一化。

（三）综合分析多因素的选材原则

羽毛球运动员的运动能力既受自身身体素质的影响，也会受到后天的训练环境等因素的影响。所以在羽毛球运动员的选材上，刚开始主要还是看他们自身的身体素质和条件，这些往往决定着他们能否走得更远。而到了中期的选材，则侧重于羽毛球运动员们的训练能力，这也是评测在初级训练中，这些运动员们能否打破自身限制，融入体育训练中来。越是能适应多样训练运动，越是会在中后期发展中逐渐克服他们身体素质中的不足。当然，并不存在真正同时达到这两个条件的运动员，而是需要对其进行全面的评测和训练。一些影响评测的关键因素需要更多的权衡利弊，留下更为重要的内容，提高这些运动员的运动水平。此外，在运动员选材中还要综合考虑影响选材效果的多方面因素，如图 7-2 所示。

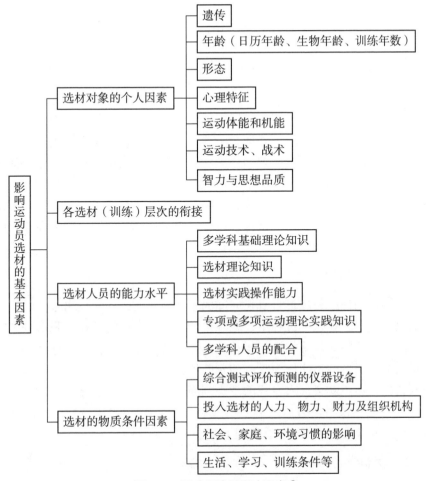

图 7-2　运动员选材影响因素 ❶

（四）短期测评与长期预测相结合的选材原则

羽毛球运动员科学选材是希望在合理的科学性评价理论指导下，选择科学性的方法指导，既对当前运动员是否能够参加竞技体育项目进行评测，也对运动员未来的职业生涯进行规划，评测他（她）在未来发展中是否具有潜力。这两个目的要同时达到，同步实现，不可以割裂开来。因为看起来是目前的规划评测，实则是多少年的未来预测，都是为其能否成为一位优秀的运动员做铺垫。运动选材以预测为核心，选材指标必须达到可预测的要求。

---

❶　张志华.我国高校竞技体育后备人才培养的理论与实践研究［M］.北京：化学工业出版社，2014.

二、竞技羽毛球运动选材的方法

（一）比赛选材

通过相应的比赛直接进行优秀运动员的选拔，能够更直观地进行运动员的选拔和纵向比较，同时可以更加集中统一的制定相应的训练计划和内容。这种羽毛球的选材方式适合一些比较盛大的体育赛事，用这种方式选择出的运动员大都比较成熟，心理状态良好，可以适应相对紧张的体育赛事。通过一些比较专业的羽毛球专业联赛，可以直观展示队员们的比赛成绩，比赛的名次就决定着其能否继续参加这些体育赛事，从科学角度来说，更有公平性、公正性。这种选材方式也为后续的训练内容积攒宝贵的经验。

（二）经验选材

运动员的训练是经过自身长时间的不断付出的，同时也离不开教练长期的培养计划。在这个过程中，教练也会对选择合适的运动员积攒一些宝贵的经验。有一些教练能够将运动员的外形特征作为选择羽毛球运动员的简单依据，当然这不能作为唯一的判断依据，因为太过于片面。加入人的判断选择，难免就会加入自我的主观判断，这对一些技能比较突出，同时个性化特征比较明显的运动员则不太"友好"。所以经验选材可以当作选材的评价标准之一，但不占主要地位。

（三）科学选材

这种选材方式通过对运动员进行一些科学化的物理检测，加上上述两种评测得出的数据，对运动员进行长期的跟踪调查，用更加综合性的评测数据决定他们是否能够参赛。使用这种方式，对于能够进入选择区域的运动员，对他们各个方面能够更加关注，能够选择相对更科学的训练内容和训练方式，从而可以对能否高水平地完成比赛进行预测。

对于羽毛球运动员的选材要更加科学，因为就目前的羽毛球运动的发展变化来看，世界各国的运动员在相关水准上并没有太大的差异，尤其是在战略战术、运动员心理素质等方面所差不多。这也给我国青少年羽毛球运动员的培养提出新的内容，要高度重视羽毛球运动员的初级选拔，既要看到这些运动员的先天优秀条件，又要选择最适合他们自身发展的训练内容，以便运用更小的研究成本培养出最优秀的羽毛球运动员。对青少年运动员的选拔要使用科学的、客观的评测手段，对整体素质进行科学研究，以做出适合他们训练的计划。

三、青少年羽毛球运动初级选材的内容与方法

（一）年龄、骨龄

在青少年羽毛球运动的初级选材中，年龄是一个重要的参考。过早进行系统的运动训练可能会使运动员的身体受到损伤，而过晚则不容易打下扎实的基本功。许多实验证明，青少年羽毛球运动员的选择和最佳年龄大约是选手取得最佳成绩时的年龄减去运动员训练所需要的时间，即男性的年龄在七至九岁或者六至十岁，女性的年龄在六至八岁或者五至九岁。当然，对运动员的选拔需要生理年龄的选择，更需要的是研究运动员自身的骨龄。运动员的骨龄就是指他们骨头发育的年龄，就每个人来说会有比较大的差异，而且很多时候跟他们生理的年龄并没有太大的关系。利用专业机构对运动员进行骨龄检测，能更好地获知体育运动员的身体素质和当前发育状况。这些都可以为青少年运动员的选材提供优质的报告参考。

（二）身材比例

大量的研究表明，运动员的身材比例也会影响他们的比赛成绩，也就是说运动员的身材比例也会成为影响他们发挥的一项因素。在羽毛球运动员的选择中，尤其是一些年轻的运动员，身高数据都是在实时发生着变化的，所以身高数据只能作为简单的数据参考，不能作为决定性的因素。而其身材比例数据相对来说是比较稳定的，即使有变化，也是一些细微的变化，所以这些数据就有可参考性。因此对青少年运动员来说，自身的身材比例数据也是比赛选材的重要依据，以便评测出比赛更大的可能性。

（三）身体素质

身体素质主要是指人在活动中表现出来的力量、速度、爆发力、柔韧性、灵敏性等。羽毛球运动比赛中，有单打和双打两种形式，相较于其他运动来说，羽毛球运动员需要更大的运动量，长时间不断地接球打球，体力消耗非常大，需要羽毛球运动员有着良好的身体素质和超强的意志力。体力和脑力的同时消耗，会拉低一般运动员的反应力，而羽毛球运动需要对反馈回来的信息及时做出反应。所以身体素质是选拔羽毛球运动员非常重要的因素之一。羽毛球比赛采用三局两胜制，并无时间规定，一场比赛可能要进行很长时间，这就要求运动员具有很好的耐力，能够一直集中注意力进行比赛。因此，在青少年羽毛球运动选材时，要根据羽毛球运动中所需要的各种身体素质对青少年进行有针对性的测试。

1. 速度

羽毛球运动需要运动员的速度，这方面的练习既包括运动员挥拍的频率和次数，也包括在场地的移动速度。在许多青少年羽毛球运动员的选拔中，最先进行的就是对他们体能速度的检测，会先进行统一的 50 米跑步测验。受测试者用站立式起跑，不得使用起跑器或挖起跑穴。听到口令后起跑，计时员看到或听到信号时开表，受测试者胸部到达终点时停表，计算时间。

2. 耐力

羽毛球运动对运动员的耐力要求高。在长时间的高强度的比赛中，要求运动员们要有超强的耐力。而青少年羽毛球运动员会相对缺乏这一项。所以在对他们进行选材时，通常会使用有氧运动进行测试，通常采用 800 米跑、1500 米跑、直线进退跑、左右两侧跑，如果条件允许也可采用最大摄氧量来检测耐力。

五次直线进退跑：被测试的运动员站在罚球线的后面，听到口令开始用上网步法直接上网。在跑步的过程中前脚踏到或者是踩过前发球线后，用后退步法退回到罚球线。这是针对单只脚的要求。如果是双脚的话就是两只脚踩到或者超过双打线后，再完成这样的进退跑。像这样的反复跑五次，当完成五次时停表，计算时间。

五次左右两侧跑：受测试者站在中线处，听到口令后采用向右侧移动的步法至单打边线处，用持拍手触及单打边线后退回中线处；面向球网，采用左侧移动步法移至另一侧的单打边线处，用持拍手触及单打边线后退回中线处；面向球网，再进行下一轮的左右移动跑。当持拍手两次触及单打边线为完成五次左右两侧的移动跑。如此反复进行五次。当完成五次时停表，计算时间。

3. 视力、听力

除了一些体能上的要求，羽毛球运动员更需要优良的视力和听力，这在比赛中非常的重要。运动员要有灵敏的听力和极好的视力，才能随时针对各种情况做出及时的反应。所以在选材青少年运动员时，要测试这些运动员的视力和听力。

4. 上、下肢爆发力

在所有的运动比赛中，羽毛球运动可以说是相对移动性比较频繁的项目。在比赛中，运动员们需要不断做出判断，并且及时做出相应的反应。对移动速度的要求非常高，手部的随时反应也非常重要。下肢和上肢要做到协调配合，爆发力也要极强。所以运动员们的上下肢力量也是评测的重要标准。在对青少年运动员进行评测时，针对他们的上下肢爆发力，会选择一些特有的运动评测方式。一般采用羽毛球掷远方式：受测试者两脚自然开立，站在掷远线后。持拍手捏住沾有白粉的球托，屈膝伸臂尽力向前掷出羽毛球（两脚尖不得离地）。丈量掷远线至球托着地点后沿之间的垂直距离。每人各两次，取最好一次成绩。

5. 专项能力

当然，除了这些体力以及身体方面的评测标准，在对青年运动员进行选择时，也要注意他们自身的特殊的专项能力，部分青少年运动员会有比较好的天赋能力，这样的运动员就要适当放宽一些条件。

（四）心理素质

在运动比赛中，不仅要看运动员的体能素质，考验运动员的极限挑战能力，更要检测运动员在面对比赛时自身的心理素质，以及面对不同的突发情况会采取怎样的应对方法。比赛时，体力的消耗是巨大的，同时还要保持良好的心理状态，即使出现一些失误或者是暂时性的失利，都能做好心理的调节，这是非常难能可贵的。在日常的训练中，面对枯燥的重复练习、上升训练的瓶颈期，要保证能放平心态，找到适合自己的调节方式；在比赛中，体力的损耗会影响判断造成失误，既要保证自我拼尽全力的迎战，还要应对比赛中随时出现的新情况，给自己加油打气，调整战略战术。所以运动员的心理素质是十分重要的。在青少年羽毛球运动员选拔时，要重视心理素质的测评。当然，由于青少年运动员的年龄特点，他们的心理稳定性还有一定的可塑期和变化期，因此这仅就作为一项参考值，而不是必须项。

1. 视动反应时

反应时通常被称为反应时间，通俗地说，就是受到刺激时做出相应反应的间隔时间。反应时间往往能看出一个人的反应状态，所以这一数据就可以作为一种有力的判断依据，可以检测大脑皮层的兴奋度，并发现大脑的抑制功能。一般来说，那些发挥较为稳定、更优秀的运动员的视动反应时要比普通的运动员要好很多。

2. 注意力

羽毛球比赛中，运动员需要一直保持高度的注意力，因为在羽毛球比赛中，变化是随时会发生的，一旦注意力不集中，就可能影响比赛结果。这就需要运动员在平时的训练中养成极好的专注力，面对各种因素的干扰，都能专注于比赛中，始终保持良好的心理状态。

3. 性格品质

虽然没有研究确切证明运动员的性格对其比赛生涯有十分重要的影响，但一个优秀运动员一定是需要良好的沟通能力和团队协作能力的。在羽毛球双打比赛中，就需要运动员和自己的搭档有良好的默契、良好的交流，这对比赛是非常关键的。因此，青少年羽毛球运动员的选材也要关注这一点。

4. 思维方式

人之所以会有不同，往往就在于不同的人有不同的思维方式，这也是心理研究的一个重要方面。运动比赛中，尤其是羽毛球比赛中，因为比赛的不确定性，需要随时随地调整或者是更换自己的战略战术。不同的人在思考相同问题时得出的结论不尽相同，因此羽毛球运动员需要具备良好的临场应变能力和思维能力。青少年羽毛球运动员的选材也要关注他们是否具有一定的应变能力和判断能力。

第三节　我国竞技羽毛球后备人才培养的发展历程

羽毛球竞技后备人才是指具有羽毛球运动潜质，通过选拔进入体育运动学校、少年儿童体育学校、羽毛球单项学校和符合条件的羽毛球传统项目学校、青少年羽毛球俱乐部、社会力量举办的其他培训机构，参加羽毛球训练的青少年、儿童。

一、艰难起步阶段（1949 年—1959 年）

1950 年起，我国羽毛球后备人才培养的相关工作便开始了。新中国成立后，羽毛球运动在我国得以快速发展，并迅速成为我国体育事业发展的重点项目之一。1954 年 7 月，我国第一支羽毛球队，即以黄世名、陈福寿、王文教等归国华侨为核心的羽毛球班在中央体育学院（今北京体育大学）正式成立。

为了更好地促进我国羽毛球运动快速发展，提高整体运动水平，自 1956 年开始，全国性羽毛球比赛每年都会举办一次。这种全国性羽毛球比赛的举办，极大地促进了羽毛球运动在我国的快速发展，对于羽毛球后备人才的培养也逐渐开始提上日程。

在这一阶段，我国正处于百废待兴、继续发展的时期，我国羽毛球后备人才的培养工作也进入到了艰难起步阶段，开展形式主要以业务训练为主。

二、逆势成长阶段（1960年—1969年）

1960年—1962年，我国遭受了三年自然灾害，国民经济也陷入到了非常困难的阶段。我国体育事业也遭受到了严重影响，包括羽毛球在内，国内很多的羽毛球队不得不解散。在这种境地之下，很多海外华侨怀着对祖国的热爱和对羽毛球事业的热忱，纷纷送子女回到祖国，接受艰苦训练，这些归侨青年技艺高超，成为我国羽毛球事业快速发展的中坚力量，中国羽毛球队甚至在国际上获得了"无冕之王"的称号。

1966年—1976年，我国进入到了十年动乱时期，全国各项事业的发展都处于停滞阶段，这给国家和人民带来了诸多的灾难。在这个阶段中，很多业余体校停止训练，羽毛球后备人才培养工作也进入停滞状态。但是，羽毛球运动在广大人民群众中得以热烈开展起来，这为今后羽毛球后备人才的培养打下了坚实的基础。

这一阶段，虽然在羽毛球运动员选拔上面，国家队、省队都采用比赛来进行选拔，羽毛球后备人才培养也处在混乱状态，但我国羽毛球运动员在国际上仍然创造了很多的优秀成绩，这充分显现出我国羽毛球运动有着非常广泛的群众基础。

三、全面恢复阶段（1970年—1977年）

1972年，在周恩来总理的指示下，羽毛球国家队正式成立。之后，我国羽毛球队与国际的交往也越来越频繁，逐渐恢复正常，我国羽毛球后备人才的培养也得以相应恢复。

早在1971年开始，福州市红色小学已经开始进行羽毛球业余训练工作。除了开展业余训练外，还对工厂、居民的羽毛球活动进行相应的辅导。该校先后向福建、河北等地方队以及国家队培养和输送了多名运动员和教练员，成为当时我国羽毛球后备人才培养的典型代表。

至此，羽毛球竞技后备人才培养工作已全面恢复，当时的主要组织形式是以中、小学训练点为基础的业余训练。

四、体系形成阶段（1978年—1989年）

1978年，原国家体委在全国体育工作会议上提出"加强业余训练工作的要求，中、小学要根据自己的特点抓好重点项目形成传统"。根据这一精神，各省、市、自治区相关部门批准了具备教练员、学生、场地、时间4个固定条件的中小学校作为羽毛球业余训练点。至此，我国的羽毛球后备人才培养体系开始逐渐形成。

为了进一步提升我国羽毛球业余训练的质量，1983 年，原国家体委编写了我国第一本《羽毛球业余教学训练大纲》，并发布到各地，由各业余体校学习并落实。1986 年，《羽毛球教学训练大纲（试行稿）》的编写和发布，使得我国羽毛球后备人才培养更加具有系统性。

1983 年开始，对于那些具有突出工作成绩的业余训练点（学校），国家将其进一步发展成为羽毛球传统项目学校，成为我国羽毛球后备人才培养的初级训练层次。其主要任务就是抓好羽毛球普及工作，培养学生对羽毛球运动的兴趣，对学生开展羽毛球启蒙训练工作，并从中发现优秀的后备人才。业余体校、体育中学运动学校和独立重点班则是羽毛球后备人才培养的高级训练层次，其主要任务就是对高水平羽毛球后备人才进行直接培养，承担着羽毛球专业队的后备任务。

1978 年—1989 年，我国形成了各类业余体校、传统体育项目学校和体育后备人才单项学校等多种形式存在的羽毛球竞技后备人才培养系统，极大地丰富了我国羽毛球竞技后备人才体系。

五、快速发展阶段（1990 年—1999 年）

为了做好 1992 年奥运会后备人才培养工作，中国羽毛球协会对以往的后备人才训练工作进行了认真总结，通过对羽毛球后备人才梯队建设进行充分讨论，提出了对业余训练体系进行加强和健全的要求。但羽毛球后备人才培养是一个长期性的工作，并不是短时间就能取得显著成效的。

中国羽毛球在 20 世纪 80 年代取得辉煌后，20 世纪 90 年代初期逐渐进入到了低谷。在羽毛球首次成为正式比赛项目的 1992 年巴塞罗那奥运会上，被寄予厚望的中国队一金未夺，之后在国际比赛中的成绩一直未能尽如人意。

经过认真总结后，结合国内羽毛球运动在当时的发展情况，国家队从各省市球队中选拔一批优秀的年轻选手进行集中训练，并与国家一队形成有效衔接。1994 年亚运会后，中国羽毛球队完成新老队员的接替工作，并涌现出了一批优秀的羽毛球运动员，这时的中国羽毛球队开始逐渐走出低谷。1995 年夺取苏迪曼杯、1996 年亚特兰大奥运会获得一金一银一铜三块奖牌的骄人战绩，成为中国羽毛球重新崛起的标识。

该阶段中国羽毛球后备人才培养体系是在 1978 年后开始形成的业余训练网的基础上发展起来的。

六、体制多元化发展阶段（2000 年至今）

随着"奥运争光"计划的提出，羽毛球成为我国重点夺金项目之一，乘着举国体制发展优势的东风，我国羽毛球后备人才培养工作得以迅速发展并壮大起来。出于"多出人才，出好人才"的目的，我国自 2000 年开始，根据《国家高水平体育后备人才基地认定办法》的规定，以"三级训练网"为基础，将一些具有突出业余训练质量和较高办学水平的基层训练单位评为我国高水平羽毛球后备人才培养基地，这为后备人才的培养打下了坚实基础。随着我国经济体制的转型，我国羽毛球后备人才的培养也开始探索新的途径，走市场化、产业化的发展道路。

2012 年伦敦奥运会，中国羽毛球队夺得了羽毛球项目的全部五块金牌。除了在比赛中获胜，夺取金牌之外，对于我国羽毛球运动的发展，还需继续思考短缺之处，还需做些什么，这也是我国羽毛球运动未来发展的方向。

第四节　我国竞技羽毛球后备人才培养的现状与影响因素

一、我国竞技羽毛球后备人才培养的现状

（一）培养政策现状

伴随着国家"体育强国"理念在社会上的逐步渗透，群众积极性、参与度的不断攀升，国家逐步将越来越多的关注和精力投入到羽毛球的相关项目当中。作为中国的老牌优势体育项目，羽毛球的发展一直都受到极大的关注，也获得了极大的支持。政策上，政府出台了相关文件，与社会各界沟通，为羽毛球事业的发展提供足够的便利；资金上，财政部给予了极大的支持，为羽毛球训练解决后顾之忧；训练场地方面，提供了专业的训练设施，保障运动员的基础训练，提升运动员的专业能力；人才方面，本着"人才兴国"的理念，从各方面挖掘有潜力的运动员和教练员，储备足够的人力资源，保障后备力量。作为一项群众易学度较高的体育运动，当下羽毛球在我国大力推广的主要目的在于大程度、大范围地提升群众参与度，从而使羽毛球成为人人可参与、人人会参与的体育项目，以此提升广大群众的运动量，达到锻炼身体、增强体质的目的。当群众参与度提升上来，从一定程度上来说，其实也就达到了推动羽毛球这个体育项目持续发展的目的。作为国家的优势体育项目，羽毛球运动在全国各地都备受推

崇。各省市都会对羽毛球项目的发展做出一定的规划和推广。而在这样的背景之下，往往就会出现一些钻空子、形式主义的问题。部分地方政府只是将发展体育运动当成是政绩中的一个亮点，用体育运动的成绩来为当地增光添彩。在实际的体育运动推广和发展的过程当中，注重表面形式，追求短期成绩，而往往忽略体育运动的本质。这样思想认识下的推广发展形式，对于羽毛球项目的未来发展将有着严重的影响。

当然，我们并不能因此而否定地方政府为羽毛球运动的发展所做的工作和付出的努力。大部分地方政府都能响应国家的号召，将羽毛球的发展推广工作落到实处。运用各种各样的宣传途径，采取各种各样的推广手段，提升羽毛球在社会大众中的知名度和参与度，以此来达到人人参与、人人健身、人人健康的目的。同时，部分地区为了推广羽毛球运动的发展，增设了大量的活动场馆，保障羽毛球运动的开展。也有部分地方政府与体协、俱乐部等各界联手，创办各类羽毛球相关的体育赛事，提升社会影响力，提升群众参与积极性等。除此之外，由于各省市实际情况的不同和体育运动发展的程度差异，各地方政府也都结合自身实际情况，考虑自身特点，出台了符合本地羽毛球项目发展的相关政策，给予该项目政策上的支持，促进市场联动，以此达到推广目的。有了外在条件的支撑，羽毛球运动的发展也要找到自身的突破口。对于管理层来说，要做到及时掌握世界羽毛球发展的最新风向和最新动态，找到适合我国羽毛球运动发展的方式方法，拓宽眼界，放大格局。对于教练员和运动员来说，要找到高效的、合适的训练方法，要有先进的训练理念，也可以借鉴其他国家的优秀发展经验，与自身的发展思路进行合理的融合。通过高效的训练，不断提升自己的专业水平，改善自己的战术思路，了解各种各样的对手，有针对性地制定训练计划和应对策略。

（二）培养体系现状

想要羽毛球运动持续不断地发展，培养后备人才是重中之重，也正是因此，我们才亟须创建一个完整的、高质量的后备人才培养体系，这样才能为国家优秀羽毛球运动员的培养奠定基础。如图7-3所示，显示了我国当下人才培养的几种主要模式。包括职业技术院校、俱乐部以及家庭培养模式。而在这几种方式当中，人才来源又以职业技术院校的培养为主要输出点。大部分想走羽毛球职业运动道路的青少年都会选择更加专业一点的体育院校来进行系统的学习、专业的训练，相对来说，俱乐部培养以及家庭培养更侧重于兴趣培养，专业性的程度、要求都会相对偏低。而体育院校对于运动人才的培养，大部分都以组队的模式为主，包括省队、市队，一队、二队等，各队之间又存在着一定的竞争关系，通过统一管理、良性竞争来达到促进后备运动员人才成长、提高的目的。而在这种培养模式之下，青少年运动员都是在实战中打磨出来的，实战经验丰富，临场能力较强。参加过各类比赛的运动员们，身上都有着各种各样的荣誉，这也会更加激发他们为了荣誉而战，追求更好、追求更高，使得他们能更快成长，激发出更大的潜力。

　　较专业院校的培养模式而言，俱乐部的培养模式和环境相对来说会轻松一些。从学员本身来说，选择俱乐部的首要原因是兴趣所在。其次，既然选择了某一个俱乐部，那么就一定不会因为一些不重要的因素而随意更换。也正是因此，在俱乐部的培养模式中，学员的构成相对固定，这也便于俱乐部有针对性地为每一个运动员制定合适的训练方案和计划，保障了运动员的长期训练和发展。同时，随着社会进步和经济发展，体育项目在社会上受到的关注越来越多，这也使得越来越多的市场经济主体为了自身的发展而参与到体育运动中来，通过冠名、投资等方式，借体育项目的发展热度，来提升自己在市场上的地位和群众中的欢迎度。除此之外，培养模式中还有家庭培养模式，但这种模式限制条件相对来说也会更多。一项专业技能的培养必然需要一个很长的周期才能呈现出一定的效果，这就需要大量的财力和物力的支撑，一个家庭必然要有足够的经济条件来实现对于孩子的培养，无论是聘请专业教练，还是为孩子挑选足够好的专业院校，没有足够的经济底蕴是无法支撑的。

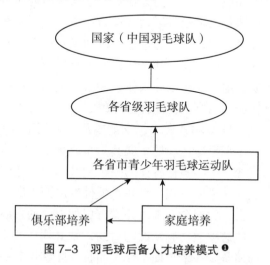

图7-3　羽毛球后备人才培养模式 ❶

　　❶　张志华.我国高校竞技体育后备人才培养的理论与实践研究 [M].北京：化学工业出版社，2014.

（三）培养管理现状

从当下的体育运动的现状来看，我国目前针对羽毛球运动储备人才的管理工作主要是由省级政府主导，再由各省的体育总局负责具体的实施。而储备人才的输送途径则主要是体育局下设的相关部门或者是职业技术院校、相关体育俱乐部等。体育局的管理中心作为官方指定的管理机构，在管理工作上有着规范的规章制度，极大程度上保障了储备人才的训练和发展。但对于羽毛球爱好者来说，像管理中心这样的官方机构门槛相对较高，所以大部分羽毛球爱好者会选择加入地方性的羽毛球协会，日常的训练、活动、比赛等事项也都是由羽毛球协会来进行统一安排。借助体育局管理中心的专业管理以及相关羽毛球协会的辅助工作，使得羽毛球运动的各项工作逐渐步入正轨，走向完善。在人力资源方面，管理中心以及体育协会能够及时地与相关技术院校、俱乐部等联系沟通，完成人才输送，并利用自身的社会优势，网罗各地的专业技术教练，保证了师资配备。在日常管理训练方面，制定了严格的训练计划、规章制度、竞赛制度、发展纲要等，保障了机构的正常运营，也保障了运动员的专业训练。同时，安排了不定期的各项赛事，帮助运动员们进行实战演练，在实战中提升自己的专业水平。在这样的相互沟通、相互配合之下，实现了社会各界资源的整合，推动了羽毛球项目的规范化管理和发展，为羽毛球的加速发展增添了助力。

但在这样的大环境之下，我们必须对羽毛球这项运动的本质有一个清晰的认识，即羽毛球是一项健身活动。作为一项群众喜爱度高、参与度高的活动，羽毛球发展的初衷便是通过这项运动来实现提升群众身体素质的主要目标。而在国家高度重视、社会各界大力推崇的压力之下，很容易使这项运动发生变质。地方政府以此来作为衡量政绩的一项标准，社会各界以此来作为提升自身知名度、提高社会地位、打通社会关系的一种有效手段。强压之下，羽毛球运动就失去了它的本质。从当前的社会发展来看，很大一部分省市对于羽毛球运动的发展其实是流于了一种形式。通过兴建比赛场馆、训练场地，举办各种各样的大小型赛事，来达到宣传、发展羽毛球的目的。但是这种推广方式，只是在硬件的层面上实现了对羽毛球运动的重视，深究下去，我们会发现，并没有更加有效的发展规划、合理的训练计划等。想要使这项运动有发展的后劲，就必须在人才发展上下足功夫。但人力资源的储备是一个长期工作，而且人才结构单一也是目前我国羽毛球发展所面临的一个很严重的问题。

二、我国竞技羽毛球后备人才培养的问题

（一）优秀后备人才选拔机制不畅通

通过选拔后备人才，择优录用，能够大大提升青少年羽毛球后备人才的成材率，并为国家一、二线羽毛球队输送优秀的人才。但就目前来看，我国羽毛球后备人才培养和输送的机制还不是很通畅，在选拔方面，并没有形成科学的选拔制度。特别是在羽毛球后备人才培养现状以及羽毛球发展水平方面，各个省份都不相同，存在较大的差距。国家羽毛球队由从各个省份选拔优秀后备人才转变为从个别羽毛球发展水平较高的省份直接选送。除此之外，在青少年羽毛球后备人才选拔方面，很多情况下都是通过教练、体校来进行选拔，这种选拔往往都是依靠教练的个人经验和经历，很难保证选拔过程的科学性。而且，由于羽毛球生源非常有限，导致很多教练、体校为了保证获得足够的运动员或学生，往往会降低选拔要求，甚至只要报名就能够录取。

（二）后备人才培养的"学训矛盾"突出

在培养羽毛球后备人才方面，培养内容要兼顾竞技技能和文化素养。但在实际训练过程中，大部分羽毛球运动员主要接受的是羽毛球竞技技能训练。这主要是因为要想成长为专业的羽毛球运动员，就必须接受大运动量、高强度的训练，来提升竞技水平。这就使得青少年运动员无法既保证专业训练，又兼顾文化教育，导致学训矛盾越来越突出。同时，在大赛开始前和比赛期间，运动员要将全部精力投入到比赛中，很容易造成运动员产生疲劳、伤病和睡眠不足等情况。

而专业运动员的训练过程其实也是一个教育的过程，需要大量的时间来完成相应的训练任务。人的精力是有限的，在这种情况下，运动员的文化学习时间就会相对减少，这就造成了运动员学习文化知识和体育训练之间的冲突。而优秀运动员的成长需要大量时间的训练和比赛，其学习文化知识的时间就很难保证。

（三）羽毛球教练员队伍专业水平不高

教练员队伍的专业水平在很大程度上对羽毛球后备人才的培养起着决定性作用，特别是相对于成人运动员来说，培养后备人才需要付出更多的努力，并且青少年在生理以及心理方面具有特殊性，这就对教练员提出了更高的要求。就目前我国教练员队伍来看，在知识结构、年龄、学历水平等方面存在不合理性。特别是性格成熟稳重、富有耐心，能够为青少年提

供具有针对性、可行性的训练措施的成熟教练较少。

我国羽毛球教练员主要是羽毛球运动员退役后担任的，这些教练员在作为运动员时主要是从事羽毛球训练，没有过多地接受和关注文化教育，这也导致他们在担任教练员后无法满足青少年后备人才培养的实际需求，在无形之中对青少年后备人才的成长产生不良影响。教练员的队伍的培训体制不完善，导致教练员的执教能力提升、文化综合素质提升相对缓慢，教学理念与时代发展相脱节，造成后备人才的培养成材率不高。

三、我国竞技羽毛球后备人才培养的影响因素

（一）管理体制因素

管理体制因素是影响羽毛球后备人才培养最为重要的因素，它主要涉及羽毛球后备人才培养目标以及管理体制等方面的设置。

从我国羽毛球后备人才培养现状来看，在培养方面，依然沿用计划经济时代所制定的举国体制战略。这种体制使我国体育事业得以迅猛发展，我国羽毛球运动得以在世界羽坛取得优异成绩。它在我国羽毛球运动发展过程中发挥了不可磨灭的作用。目前，我国体育系统主要负责对羽毛球后备人才进行培养，它对羽毛球运动的重视程度以及相关政策制度情况都会对羽毛球后备人才培养产生重要的影响。

在体教结合的过程中，教育系统是对羽毛球后备人才进行培养的协助单位，也是羽毛球后备人才选材的重要源头，它对羽毛球训练的重视程度也会对羽毛球后备人才培养产生重要影响。

（二）训练学因素

训练学因素主要是从训练学的角度考察对我国羽毛球竞技后备人才培养的影响因素。训练学因素主要包括培养过程中的参与主体教练员和运动员，以及选材、文化教育、训练、竞赛和输送。

（三）发展环境因素

所谓发展环境因素是指对羽毛球后备人才培养产生影响的环境因素。其中，包括羽毛球项目发展环境和羽毛球竞技后备人才培养基础环境。具体情况见表 7-4。

表 7-4　羽毛球竞技后备人才培养的环境因素 ❶

发展环境因素	
羽毛球项目发展环境	（1）羽毛球社会普及程度 （2）奥运战略、全运会、城运会设项情况 （3）国家羽毛球队成绩
羽毛球竞技后备人才培养 基础环境	（1）各级各类体校设置羽毛球项目情况 （2）羽毛球学校开展状况 （3）羽毛球后备人才基地开展状况 （4）中小学羽毛球传统项目学校开展状况 （5）青少年羽毛球俱乐部开展状况

（四）经济因素

羽毛球发展的速度在一定程度上受到社会经济发展水平，尤其是当地经济发展水平的制约。就目前来看，开展青少年羽毛球运动较好的地区往往都是那些经济较为发达的省市、地区。这主要是因为发达的经济水平能够为羽毛球运动的开展提供较为优越的物质条件和人文环境，有助于青少年羽毛球后备人才的培养和该项目的发展。

（五）社会文化因素

所谓社会文化因素主要是指羽毛球文化相关的内容。在培养羽毛球后备人才方面，社会文化、羽毛球文化氛围能够产生非常重要的影响。

以上几方面共同构成对我国青少年羽毛球后备人才产生影响因素的指标体系。但由于事物存在两面性甚至多面性，一个因素在不同条件下可能会产生或正或负的影响。只有结合羽毛球后备人才培养的内部和外部环境来对培养对策和发展面临的问题进行研究，才能保证羽毛球后备人才培养事业得以健康、科学、可持续、和谐发展。

---

❶ 刘萍萍. 我国羽毛球竞技后备人才培养研究［M］.北京：北京体育大学出版社，2017.

第八章　体育强国背景下我国竞技羽毛球后备人才培养的未来之路

我国竞技体育事业的发展要以竞技体育后备人才的培养为基础，竞技体育后备人才培养始终都是竞技羽毛球研究中的一个重要课题，连续不断的后备人才供应是我国竞技羽毛球可持续发展的重要保障。本章重点在体育强国背景下对我国竞技羽毛球后备人才培养路径进行科学研究，包括探索竞技羽毛球后备人才培养的可持续发展路径、构建竞技羽毛球后备人才培养的科学运行机制以及借鉴国外竞技羽毛球后备人才培养的先进经验。

第一节　探索竞技羽毛球后备人才培养的可持续发展路径

一、优化羽毛球运动发展的社会环境

世界上任何事物的发生发展都是与外部环境息息相关的。如何更好地培养羽毛球竞技后备人才？或许可以从外部环境着手，逐步优化羽毛球竞技的发展环境，进而有效推进羽毛球竞技后备人才的培养。

（一）从中小学开始进行羽毛球兴趣培养

对于羽毛球竞技后备人才的培养不应该仅仅局限于高等学府，更应该将选材面扩展至中小学，从小开始培养兴趣，将羽毛球这项竞技项目更深入地在青少年群体中进行推广，这样不仅可以增加后备人才数量，而且在一定程度能使后备人才质量实现一个很大的提升。

（二）社会运动组织同步推进羽毛球发展

青少年羽毛球俱乐部的兴起与发展在一定程度上有效推动了全国羽毛球运动的发展进程。通过类似青少年羽毛球俱乐部这种具有社会性质的竞技活动环境，不仅使羽毛球竞技项目的参与人数得到了增长，而且使羽毛

球后备人才的质量提高了一个水平，可谓在真正意义上推动了全国范围内羽毛球竞技专业人才储备力量的发展。

二、在坚持举国体制下继续完善培养政策

按照德尔菲理论，目前我国羽毛球竞技项目发展的影响因素有六个，其中管理体制是重中之重。针对目前我国羽毛球项目存在的体制问题，需要在坚持中进一步完善，才能稳步促进和保证羽毛球项目的持续发展。

我国在建国初期计划经济时代下对羽毛球竞技项目的举国体制支持，使羽毛球运动在历经风雨后成为上个世纪的"无冕之王"。面对当前的市场经济，如何使中国羽毛球成为真正的"世界冠军"，还需要借鉴历史发展经验，需要国家全力支持，需要体育系统持续帮助，不断整合国内国外各类资源，积极创新进取，潜心深挖，才能使我国羽毛球项目在国际上立于不败之地。

我国羽毛球项目呈现竞技体育与大众体育非均衡发展的局面，这种状况在各大羽毛球赛事中表现尤为明显。究其原因，是因为我国羽毛球竞技项目后备人才队伍建设薄弱，且多数运动员的文化教育缺失。从目前来看，我国对于羽毛球竞技项目的后备人才培养并不是专业性的，而是带有公益性质的，如果没有国家层面的资源供给，我国的羽毛球竞技项目发展还是尤为困难的。因此，只有在持续推进"举国体制"的前提下强化完善体制建设，不断摸索适合我国羽毛球竞技项目发展的道路，才能实现羽毛球竞技项目的稳步可持续发展。

（一）加强政府部门对人才培养的管理

各级政府部门对羽毛球竞技项目的重视程度在后备人才培养起到了非常重要的作用，可以说，它是后备人才培养的重要保障。针对羽毛球竞技项目做适配的发展计划与项目布局，以及政府各级部门对于项目发展的资金投入都是从宏观上对项目进行的管理与指导，政府加强组织管理对羽毛球项目的发展是非常必要的。

（二）不断完善羽毛球培养制度建设

加强我国羽毛球项目后备人才基地建设需要不断完善制度建设，联合国家体育总局与地方羽毛球协会组织，共同构建横向多主体、纵向多层级的羽毛球项目人才培养体系。

（三）制度与监督并行，加强培训效果

在不断完善制度建设的同时，还需要加强制度执行的监督工作，敦促政策及制度落在实处，如果空有制度政策却没有执行力，那一切都将是形同虚设。所以，各级政府部门需要将完善制度建设与敦促制度实施放在同等位置上。

三、我国羽毛球后备人才培养体系的完善

培养竞技体育后备人才是体育事业获得良好发展的基础，要想对羽毛球项目后备人才进行更好的专业培养，就需要不断优化和改进羽毛球人才培养体系。

（一）坚持政府管理为主体，优化竞技体育培养模式

我国运行数十年的"举国体制"体育竞技人才培养战略随着社会转型的到来显现出了弊端，之前的后备人才培养模式已经不能满足羽毛球竞技项目的可持续发展需要，因此，需要国家体育总局联合省市县体校，在保证政府资金支持、强化教练员培训水平和加强羽毛球运动场地的建设前提下，将优秀体校作为示范代表，引领羽毛球竞技项目走向可持续发展。此外，各级政府还需要将后备人才培养及办学思路拓宽，吸纳更多社会群众加入羽毛球竞技项目。体育总局与地区体校实现无缝对接，改善现有不良的教学培训环境，为我国培养更多更优秀的羽毛球运动员。

（二）政府与社会组织共同推动培养模式建设

单靠国家重视羽毛球竞技人才培养从长久来看是不现实的，只有与社会上有办学力量的组织和个人相互协作，引导并支持社会力量共同加入羽毛球竞技项目后备人才的培养中，才能为我国培养出更多的羽毛球运动员。这项举措 W 市实践得非常好，政府主导并广泛吸纳社会上有力量办学的组织，调动其对于体育项目培养的积极性，逐步形成了以点带面扩散的多元化人才培养格局。目前，国内知名的上海阳光青少年体育俱乐部、广东的李宁羽毛球俱乐部在政府引导下，经过多年的努力，已经可以在国内赛事上取得优秀的成绩了。俱乐部形式的体育竞技项目培训机构已经逐步发展成为我国羽毛球竞技项目提供优秀后备人才的中坚力量。

（三）在举国体制下加强"体教结合"，保证全面发展

体育竞技对于运动员的年龄有一定限制，一般情况下多数运动员会在二十几岁的时候退役，而且体育竞技对于运动员的身体素质要求较高，这

就导致了竞技体育有很高的淘汰率。目前我国对于体育运动员的培养多偏重于体育技能，而忽略了文化知识的培养，这就造成了退役后的运动员失去了社会竞争力，这也是我国体育竞技人才不能够长期持续发展的根本原因。目前我国的体育后备人才培养已经开始向国外竞技体育后备人才的培养方式转变，重新树立体育竞技人才培养观念，既要考虑体育竞技的重要性，也要考虑运动员的个人发展，在对青少年运动员进行培养时，体育竞技知识与文化知识两手抓，不能忽略或偏重任何一方。在确认文化知识培养的前提下，引导运动员积极参加体育训练，使运动员实现全面发展，使体育竞技事业获得持续发展。

体育竞技项目对运动员的年龄有要求，多数运动员在训练期都处于九年义务教育的年龄阶段。因此，如何对这个年龄层次的运动员进行更好的培养也是影响我国羽毛球后备人才培养的重中之重。教育在人才培养中占据着相当重要的位置。除了管理体制的重要性外，还需要关注相关政策的完善程度与执行程度，只有牢牢把握住人才培养的核心，才能培养出更多优质的运动员。

体育部门与教育部门相互结合、共同发展的道路是"举国体制"完美延伸，体育部门重视体育后备人才的技能培养，教育部门重视体育后备人才的知识培养，两者相辅相成，分工合作，两个部门的教育资源得到最大化利用，优势互补，是全面实现体育人才可持续发展的重大举措。

"体教结合"是促进羽毛球竞技后备人才储备的重要举措，具体可以从以下几个方面展开。

1. 教育部门应加强体育竞技文化素质教育改革

当前教育部门对于体育的教育观念还是应试教育，首先需要转变这种观念，将体育教育与文化教育放在同等重要的位置，确立真正有利于体育的教育观念，同时在人力物力财力上给予体育大力支持。

2. 业余体育训练纳入教育系统中，引导青少年在日常生活中完成体育教育

羽毛球竞技项目后备人才培养的基础环境很重要，包括更健全的培训场地、更专业的教练员、更系统的培养模式，这些都是提高羽毛球培养水平的重要因素。只有坚持以国家管理为统一指令、社会各界力量为辅的多元发展趋势，才能为我国羽毛球竞技项目培养更多的优质人才。

3. 将体育竞技人才的文化教育放在突出位置

积极探索一条适应体育和社会发展的多元化羽毛球竞技后备人才培养道路，需要从根本上了解教育的内涵。所谓教育，需要将德智体美劳作为

一体进行教育；所谓人才教育，不仅需要考虑体育竞技人才的运动水平，还需要全方位考虑体育竞技人才的文化教育素养。如果将体育和教育割裂开来，那么培养出来的运动员将是不符合我国人才培养方针的偏科人才。只有将体育和教育作为一个整体，对体育竞技后备人才进行全面均衡的培养，才能培养出兼具身体素质和文化素质的高质量体育人才。

因此，羽毛球这项体育竞技运动是兼具体力和脑力的，在经过了全面均衡培养的教育后，运动员可以将竞技技术与实践战术完美地融合在一起，才能在竞赛中发挥出最大的力量。而且从长远来看，一个兼具技术和战术的优秀运动员也将会是一个好的教练，在培养后备人才的战略中也占据了重要位置，是可以促进人才可持续发展的。

四、重视教练员培训

高素质的教练员队伍在羽毛球竞技后备人才培养中是相当重要的一环，教练员的专业素质好坏直接影响训练成绩的取得，也关系到青少年体育竞技人才培养是否可持续发展。高素质优秀教练员拥有科学统一的选材依据，能够合理地安排训练，而目前青少年的羽毛球业余训练还是粗放式的培养。因此，国家应该加强羽毛球训练队伍的整体素质培训。为此，首先需要完善社会业余教练员的轮流训练制度，加强训练员的专业技能与文化技能培训，接受教育的教练员可以第一时间获取国内外最先进的羽毛球发展知识。其次，通过将各地各学校的训练员轮流交流培训，可以总结经验教训，拓宽教育培训思路，将培训知识更好地运用到实践中。国家体育总局以及地方政府应该拨付专项体育教育资金用以培养专业的教练员，引导并鼓励社会中坚力量共同参与培训，将战术、技术、文化、心理各个层面的培训都做到位，通过考试、培训、模拟测试来不间断检测教练员的培训效果，有必要的话还需要提升教练员的学历水平。通过对于教练员的大力培养推动羽毛球竞技项目后备力量的培养。

在对体育竞技项目教练员进行科学培训的同时，还需要注重有效激励教练员对于后备人才培养工作的积极性。不仅是体育学校的教练员，还有社会组织的俱乐部的教练员，都要一同进行培训教育，鼓励教练员相互之间进行交流，鼓励改革创新，鼓励提出人才培养建设性建议。对于在培训过程中发现的优秀教练员，可以选聘为国家优秀教练，可以破格将其提拔为职业教练员，解决其在生活上的后顾之忧。要想选择出优秀的教练员，就需要进行严格的考核选拔，加大各地教练员考核力度，针对培训效果、发展贡献等方面进行综合考核，对优秀教练员不吝于奖励，要在物质和荣誉上给予双重肯定，提升其工作积极性。

第二节 构建竞技羽毛球后备人才培养的科学运行机制

一、竞技羽毛球后备人才培养运行机制的构建目标与原则

（一）竞技羽毛球后备人才培养运行机制的构建目标

竞技羽毛球后备人才培养的科学运行机制需要设置一个总体目标，这个总体目标指导人才培养的前进方向。一个优秀的竞技羽毛球后备人才不仅需要超高的竞技水平，一定的文化知识储备，还需要适应社会发展的文化素质和社会品质。将竞技羽毛球运动员的全面发展作为指导目标，在不断扩大人才培养数量的前提下重视后备人才的综合素质培养，在数量、质量、时间三个维度上共同实现后备人才培养的可持续发展。将总体目标拆卸开来看，就是指导后备人才培养的具体目标：结合我国竞技羽毛球项目的实际发展情况与特点，在目前培养方案的前提下进行"教体结合"的变革，以专业的科学的教育培训系统为主，以社会上其他培训后备力量为辅，打造一个兼容性强、形式多元的竞技羽毛球后备人才培训运行机制。

（二）竞技羽毛球后备人才培养运行机制的构建原则

1. 系统整体原则

一个具有功能性的整体，是具有相互制约效果的各部分系统组成的。同样的，竞技羽毛球后备人才培养机制也可以被看作一个系统整体，有效培养后备人才就是一个整体，而在人才培养过程中需要运用到的各项方法就是各部分系统。只有深刻了解后备人才培养的本质复杂性，才能在系统中抓住重点，建立起多层次多学科多维度的立体视角，将数量与质量结合，合理运用系统整体原则的思路对后备人才进行培养，并可对未来后备人才发展趋势提前做出科学预测，以指导后续发展。

2. 以人为本原则

竞技羽毛球后备人才的可持续发展是与竞技体育可持续发展息息相关的。在进行竞技运动员培养的过程中，应该坚持以人为本，以人才培养为核心，将运动的可持续发展作为重中之重，坚持运动员德智体美劳全面发展的培养思路。只有后备人才的可持续发展得到了重视，竞技体育的发展才会更有动力，更有发展前景。竞技运动员的体育技能是重要的，但是其

文化素质和社会素质的培养也是不可缺少的，只有一个全面发展的竞技运动员才能为竞技体育事业提供可持续发展的新鲜血液，与竞技体育一同走向可持续发展的道路。

3. 全面发展原则

马克思和恩格斯的教育思想是基于对人类社会发展规律的综合考察，从而形成的一种独特的教育观。在关于人才全面发展的理论中他们更偏向于人的智力和体力同时得到充分培养与发展。但是在我国目前竞技羽毛球人才培养现状的背景下，实现马恩教育思想下的全面人才培养是不符合目前发展形势的，坚持人才培养在经济、文化和社会三方面均衡发展是难以实现的。所以我国在坚持马恩思想的前提下，将全面发展定位于在拥有良好的竞技能力素养的条件下拥有健全的心理素质，在掌握竞技能力的同时多了解一些文化知识。不要形式主义，而是将全面发展的新定义确切地落在实处，从质的层面来提高竞技运动员的个性化发展，并为今后运动员的发展打下良好的基础。

4. 坚持可持续发展原则

多数竞技羽毛球运动员在 30 岁左右的时候会退役，如果运动员只擅长竞技运动，而缺乏文化知识与社会知识，那么就会影响其在社会上的发展。因此，将运动员培养成为全面发展的后备人才，才是体育竞技事业可持续发展的根本。坚持可持续发展，既满足了当代运动员的需要，又维护了后代人的发展需要，通过在竞技能力、文化素质和健康心理三方面进行全方位培养，可以保证后备人才在数量、质量和时间三个方面同时发展，保障了竞技羽毛球后备人才的多样性发展。

二、构建有中国特色的竞技羽毛球后备人才培养的适度动力机制

竞技羽毛球后备人才培养机制需要结合我国目前国情来规划。后备人才培养计划需要是科学的、系统的，同样也需要是有活力的，这就需要在培养后备人才的同时注意激发教练员和运动员的主观能动性。这项内容在2010 年体育发展改革纲要中已经做出明确规定，我国竞技羽毛球后备人才培养需要与社会经济发展相结合，不能跨过实际情况走不适合发展的道路，应打造具有中国特色的培训机制，加快竞技羽毛球培训体制的改革进程，在结合社会主义体制的基础上加强运动员后备人才的培养。深究竞技体育后备人才的根本实质，其实是为了推动后备人才在竞技中和实际活动中获得适度的、良好的发展前景。从时间、空间两个维度上对后备人才进

行均衡培养，保持后备人才的可持续发展性。日常的培训是为了实践，要把握好两者的训练度，激发后备人才追求成绩的动力，且这种动力又是在一定范围内可激发的，不是空谈无用的。适度的动力会使培训事半功倍，一般来说"适度"需要在以下三个方面体现：首先，明确竞技体育的发展目标与国家总的发展目标的一致性，这是保证可持续发展的根本要求；其次，要保证培训的均衡性，无论是竞技能力、文化知识培养，还是社会发展趋势，都应该纳入培训内容中；最后，按照体育竞技现状，在不对社会正常秩序产生影响的基础上实施人才培养。通过同步对三个方面进行监督督促，才能使竞技体育后备人才的培养达到最优的状态。

建设中国特色社会主义动力机制在运行中应注意的几个问题。

（一）国家与社会协调发挥大作用

在竞技体育后备人才培养机制中，国家主体发挥宏观调控作用，国家应转变思维，实现从行政型管理向服务型管理的转变。此外，也要发挥社会在后备人才培养中的重要作用，在社会的大环境中自由生长，国家只是进行总体把控，这样才能让各项功能实现最大化，更好地为后备人才培养提供养分。随着社会的不断变化发展，中国竞技项目后备人才培养逐步形成了自下而上的输送方式，培养竞技人才的不论是专业院校还是社会组织，在国家宏观调控的大背景下，自觉地有主动性地向国家输送人才，共同参与提高我国体育文化建设，积极参与各项竞技赛事。在一定程度上来说，这不仅实现了国家目标，还实现了个人目标，是一种双赢。

（二）以体教结合的人才培养战略作为新的培养模式

当前，我国需要在"举国体制"的指导下逐步实现体教结合的竞技项目人才培养战略。伴随着社会发展，体育项目也逐步向社会化发展。计划经济时期，我国体育项目都是由国家统一管控，统一集体培训，但现在更加重视社会组织对于体育项目的贡献，各地方政府以及各地方组织都可以通过自身的力量为国家培育更多的优秀栋梁。通过社会各界对于优秀人才的吸纳，展开了多维度、跨行业的多元性培训，比单一化的国家统一培养效果更好，已经逐步取代了我国计划经济时期的组织培养模式。

（三）寻求动力源泉，激发人才培养动力

寻找动力源泉，激发社会集体对竞技体育项目后备人才培养原动力。激发国家、集体乃至个人的创造原动力，需要从两方面着手。首先，从经济学上的宏观微观入手，寻找各个阶层培养后备人才的动力，通过利益驱使其更多的人重视人才培养。另一方面，还需从内部精神层面出发，

主动引导并培养培训主体的政治认识、精神认知。国家需要结合当今社会现状，为培训主体提供经济支持，在不扰乱正常社会秩序的前提下，全面提高国民综合素质，加大在青少年竞技羽毛球项目上的人才培养，通过全面均衡发展维持后备人才储蓄的原动力。培训主体的个人发展应当受到重视，因为国家社会如果想要发展，那就应该将人的发展作为根本。一个积极从事训练工作且具有良好素质和成绩的个体，应该被尊重。要想有一个全面发展的人才，就需要在社会中形成一套公平公正且有效的培训准则，并以此准则来贯彻执行竞技人才培养战略。

三、构建全面灵活的竞技羽毛球后备人才培养的激励机制

要建立起有效的竞技羽毛球后备人才培养机制，需要不断优化培训系统中各学校以及社会组织的激励机制。通过激励使其有足够的动力去培养更多优秀人才，有动力去改造目前的形势。通过社会激励来引导培训的主体按照正确的价值观和行为方式进行活动，以实现竞技羽毛球后备人才培养机制的良好运作。实施激励机制的前提，是我们明确激励机制的目的是为了培养培训主体的主观能动性，通过对竞技能力和素质素养的培养使主体在实际活动中符合社会主义核心价值观，符合社会普遍行为准则。目前我国人才培养多数是自愿的，也就是带有公益性质的事业，这就决定了所有的人才培养必须落在实处，否则就是在浪费社会资源。灵活地运用人才培养激励的手段，才能在科学发展中寻求出路，实现竞技体育的全面可持续发展。

（一）全面性是实施奖励机制的重要指标

在制定体教结合的人才培养战略之前，我国竞技体育多是通过体育成绩的好坏来对竞技体育运动员给予奖励，但自从开始实施体教结合的战略，我国就已经从之前的单一评判标准改为全方位多层次的评判标准。不仅考量的是运动员本身的体育竞技能力，还要结合文化知识、思想观念等方面进行综合考量。这体现了以人为本的原则，将全面和谐可持续发展作为指导方针。目前我国运行的激励机制是符合国家总体规定和社会需求的，这说明我国的体教结合政策是正确的。除此之外，还需要考量的是培训主体在培训运动员的过程中对国家以及社会所做的贡献，如果该主体不仅向国家输送了优质人才，提高了社会各界对于竞技人才培养的关注度，还帮助运动员实现了可持续性的全面发展，那么他就是需要被奖励的。通过这些举措，我国的竞技羽毛球项目后备人才就会得到稳步的发展。

（二）公平和效率是激励机制的重要前提

公平问题和效率问题是奖励机制的重要前提，一项好的政策是将效率和公平两者结合在一起的，这样才能稳步地推进竞技羽毛球项目向可持续发展的道路上前进。竞技体育的公平和效率，需要在集体之间和个人之间进行均衡的资源分配。体育项目有很多，体育项目和社会培训组织联系也很多，在这几者之间的激励机制平等尤为重要。在我国目前的经济条件下，我们应该将付出与奖励联系在一起，付出多的人，奖励就多，付出少的人，奖励就相对少，这样才是公平的。只有在对比之下，才会看出相对的公平，如果主体与同类主体相比，觉得自己的报酬并不公平，就会影响其工作积极性。所以说公平不是绝对的，而是相对的，在激励机制推进的过程中也需要对培训主体进行思维上的培养，确保优秀者可以获得更多的资源以提高培训效率，避免奖励机制失衡而引发主体对于工作的消极态度。这样才能使竞技体育后备人才培养走向积极健康的道路。

（三）对主体进行差异化激励

竞技羽毛球的培训在各个教育层次都存在，比如有的后备人才只是小学生，有的是初中生，有的是高中生，有的在专业体校学习，有的在业余体校学习，这就造成了后备人员本身的竞技能力和文化知识素养不一样，所以在推进激励机制的时候需要根据实际做差异化区分。一般来说，激励，就是将人们想要的东西给到人们，有的是内在的需求，有的是外在的需求，要根据人们的需求提供对应的奖励。不同时期和不同层次的教育差异是明显存在的，只有根据现状不断进行调整改革，才能寻找出适合各个层级的激励机制。

目前竞技体育培训已经日趋社会化，之前国家作为唯一的奖励主体已经无法承担对竞技体育激励的责任，所以，我们需要借助市场宏观调控作用，培养社会培训主体，共同为国家输送优秀的后备人才。

（四）激励手段不应死板，需要灵活对待

激励机制如何更好地运用于日常中，以及什么样的激励机制是大家愿意接受的，对于我国专门做过调研工作，结果显示，多数人认为激励不应总是强调精神上的激励，还要加上物质上的激励，只有两者结合在一起，培训主体才会得到相对的满足。但是专家以及教练员需要注意的是，像物质这样低层次的需求是高层次需求实现的基础，而精神激励这样的高层次的需求是可以促进物质需求的。

在我国目前经济发展现状下，短时间内还不能给竞技运动后备人才提

供充足充分的资源。有的地区更擅长于这类运动，有的地区在那类运动更有天赋，所以需要在实施激励手段的时候挑选见效更快、效果更显著的培训主体进行，根据现状灵活运用，获得最好的激励效果。从长远来看，精神激励这样的高层次激励更能给培训主体长久的成长空间，如果过分追求低层次的激励，就有些本末倒置了。

（五）长久保持激励才能事半功倍

一时的激励不能长久地服务于竞技项目后备人才持续发展，只有将长期激励划分为多个短期激励，完成一个目标获得一个激励，获得这个激励后还有下一个目标，每一个目标完成都可以获得对应的奖励，这就让激励机制长久持续下去。但是激励是要适度的，不能不达标，也不能过度。激励在后备人才培养中是极其重要的，在激励机制的前中后期都应该设置奖励追踪，使奖励机制得到长期可持续发展。

（六）激励分为正反向，两者结合才能持续发展

单纯对表现优异的集体和个人给予正向激励，而不对表现差的集体和个人增加压力与惩罚，就不能将激励机制的作用最大限度地发挥出来。只有正反向相结合的后备人才培养环境，才能不断促进表现较差的集体和个人继续进步。在国家的整体宏观调控下，不管是国家出面组织的体育院校，还是社会力量组织的培训机构，都要形成相互的良性竞争，使双方不断努力创新改进，优者嘉奖，劣者惩罚，奖惩分明，才能避免正式比赛中出现的各种暗箱操作，促进竞技比赛的公平公正，促进竞技体育后备人才的培训进入良性循环，为国家输送更多优秀的体育人才。

四、构建制度健全的竞技羽毛球后备人才培养的保障机制

北京奥运会后，我国重新思考了关于竞技体育后备人才培养政策的核心目标，如何更快更好更稳地推进后备人才培养战略，扩大后备人才培养的领域，带领我国竞技体育走向更宽广的领域。一直以来，我国在建设中国特色社会主义的过程中都强调民生的重要性，同样的，在促进青少年体育后备人才的发展中也应当将民生作为重点，全方位多角度地培养全面发展的人才，保证每一个运动员在退役后也可以得到好的发展，这是需要在培训中高度强调并执行的主题。

在构建新的保障机制的过程中，需要紧紧把握住市场经济的发展方向，并把培养一个全面健康发展的竞技体育后备人才作为终极目标。因此，需要将以下几点熟记在心。

（1）公民拥有自己的权利和对于国家的责任，在日常生活中应该将此作为指导理念。

（2）公民应该对社会有责任感，遵守社会规章制度，并将此理念放在心中。

（3）公民应在生活中将公平和效率放在重要位置，无论是工作还是生活，都应该做到无愧于心。

随着社会经济变化，如何有效激励竞技体育人才主动完成训练目标，主动寻求突破已经成为人才培养的重中之重，所以我国对于后备人才的激励政策也日趋多样化，通过多样化的激励政策，使人才培训事业可以良好运作。

（一）全面覆盖目标，保证人才培养安全网

竞技羽毛球后备人才培训系统中的所有政府组织、社会组织以及普通成员，都需要囊括在保障的范围之内。确保人才培养的全覆盖性，对实现竞技体育的发展是有重大意义的。

（二）在社会中同步推广保障作用

单靠国家主体培养竞技体育后备人才是无法确保人才培养保障系统的，只有社会组织与政府协同配合，才能从国家和社会两个层面共同保障后备人才培养机制的构建。

（三）多方供给主体共存，合理市场供给

国家与政府对于竞技体育后备人才培养的支持作用是处于主体地位的，但行政机制有时会因市场竞技变化失灵，而且市场本身的调控作用也有限，所以还需要除了政府以外的第三方来弥补政府失灵，使公共事业共同为人才培训做出努力，有效发挥其在保障制度中的重要作用。

（四）将保障内容多样化处理

目前竞技体育后备人才培养的内容已经开始多样化，不仅注重竞技能力的培养，同时也关注运动员在后续教育以及退役后的再就业问题。针对竞技人才在某些方面的天赋进行个性化培养，为后备人才提供更多样的保障，使其在工作生活两方面都得到保障。

综合以上内容分析，可以了解到对于竞技体育后备人才培养的总体发展理念以及新型保障机制的重要性。在了解我国基本国情的前提下，充分完善后备人才培训的保障制度。利用国家与社会资源，进行均匀分配的同时，注重义务意识的培养。不能将竞技体育人才培养的义务全部归在国家

头上，社会在享受权利的同时也有一定的义务。如果我国的实际竞技发展水平无法完全供应竞技体育培训需要的保障资源，就需要社会组织、个人家庭等共同出力，确保人才培养计划稳步进行。

第三节　借鉴国外竞技羽毛球后备人才培养的先进经验

虽然中国竞技羽毛球后备人才培养体系比较完备，但从世界范围来看，优秀的年轻运动员的培养正表现出萎缩的态势。所以，作为领跑者的中国队，通过竞技羽毛球后备人才的培养来夺取金牌已不应该是唯一目的，如何解决竞技羽毛球后备人才培养中的现实问题，探讨我国竞技羽毛球后备人才培养的发展策略，进而完善我国竞技羽毛球后备人才的培养体系，达到竞技羽毛球后备人才的全面发展和我国竞技羽毛球运动的可持续发展更应该成为我国羽毛球运动工作的努力方向。另外，我国的羽坛劲敌中，大多数国家的竞技羽毛球后备人才的培养模式共同点是：依赖市场、政府辅助，建立与市场经济相吻合的竞技羽毛球后备人才培养模式和运行机制。而我国传统的独立于教育系统之外的竞技羽毛球后备人才培养体制已暴露出越来越明显的弊端：运动训练与文化教育失衡，投资渠道单一等。新时期我国竞技羽毛球后备人才培养体制的进一步完善，是中国特色社会主义市场经济发展的必然趋势。本小节对世界上其他羽毛球强国的竞技羽毛球后备人才培养情况进行研究，通过对比分析并归纳总结经验，以期为我国竞技羽毛球后备人才培养提供借鉴。

一、印尼竞技羽毛球后备人才培养

印尼羽毛球曾一度是世界羽坛的霸主，也是我国竞技羽毛球运动在世界羽坛的强大对手。印尼队多次赢得男子团体最高奖项汤姆斯杯，羽毛球竞技水平的优异和稳定可见一斑，直到现在，印尼队也是国际羽坛数一数二的强队。

能够如此长期地保持羽坛强国的地位，和印尼对后备人才培养的重视是分不开的。早在20世纪80年代，印尼的竞技羽毛球就开始出现市场化的趋势，很多厂商通过赞助羽毛球比赛来推广自己的产品，有些厂商还对一些有名的运动员给予生活上的补助，所给的钱比政府给的还多，让他们代表公司参加比赛，退役后到厂里当职员。印尼的体育商品化进程不断推进，这使得许许多多的青少年运动员也因此得到各方面的支持。另外印尼有很多的羽毛球训练学校，这些学校从全国各地选拔具有天赋的运动员，经过一两年的培训，条件资质好的运动员可以留下继续进行培养，如果通过后续的训练和比赛发现他们缺乏潜力，那么就将面临淘汰。

通过上述分析，我们能够总结出印尼对于竞技羽毛球后备人才的培养采取的是职业化和专业化互相配合的方式。这样的模式有诸多好处，可以更充分地发挥市场和社会的作用，使得羽毛球运动经费获取有更加多元的渠道，对于羽毛球运动员退役后的保障也更加充足，这对我国有重要的借鉴意义。

二、韩国竞技羽毛球后备人才培养

韩国也是世界羽毛球的传统强国，韩国羽毛球队曾多次赢得苏迪曼杯的冠军，在尤伯杯赛中也有突出的表现，成绩也有可圈可点之处。

韩国的项目发展和竞技体育管理体制也正在进行着改革。韩国政府委托高等院校共同培养竞技体育人才，促进了竞技体育的发展。韩国实行的商业化体育模式，主要是国家政府部门通过行政手段对体育加以引导和干预。其主要特点是充分调动和依靠社会资金和社会力量，按商品经济规律的要求办体育，以获取经济利益为核心目的。另外，在韩国，知名企业都设有羽毛球队，这解决了羽毛球后备人才的出路问题。不少国际顶级选手都效力于这样的大公司，韩国男双选手李龙大就在著名的三星公司的球队效力。值得一提的是韩国还有其特殊的奖金发放的方式，如优秀运动员终身补贴。这样的保障机制能够充分激励青少年参与到羽毛球运动中来。

韩国的羽毛球竞技后备人才的培养模式不仅充分发挥了社会的作用，而且能够将体育放在教育的大环境下多元化发展，这样有利于运动员的全面发展和竞技羽毛球运动的可持续发展。

参考文献

[1] 牛清梅，杨茜，欧阳南军.羽毛球运动 [M].西安：西北工业大学出版社，2021.

[2] 中国羽毛球协会.羽毛球竞赛规则 2021[M].北京：人民体育出版社，2021.

[3] 焦玉娥，张骞，麻安莉.羽毛球运动与训练 [M].北京：科学出版社，2020.

[4]（日）高濑秀雄著；刘丹丹译.羽毛球训练图解 126 个练习快速提升基础与实战技巧 [M].北京：人民邮电出版社，2018.

[5] 刘瑛，韩文华.羽毛球入门、提高训练与实战 [M].北京：化学工业出版社，2015.

[6] 李志伟.现代羽毛球运动技战术训练研究 [M].北京：九州出版社，2016.

[7] 何轶.羽毛球运动技巧和训练教程 [M].延吉：延边大学出版社，2018.

[8] 刘小禹.羽毛球运动教学与训练创新研究 [M].长春：东北师范大学出版社，2018.

[9] 国家体育总局青少年体育司，国家体育总局乒乓球羽毛球运动管理中心编.中国青少年羽毛球训练教学大纲 [M].北京：北京体育大学出版社，2012.

[10] 梁福生，孟令滨.羽毛球教学与训练教程 [M].哈尔滨：东北林业大学出版社，2016.

[11] 朱建国.羽毛球运动教学与训练教程 [M].北京：清华大学出版社，2019.

[12] 于可红.羽毛球训练教程 [M].北京：高等教育出版社，2016.

[13] 陈治.现代羽毛球技术教学与训练 [M].郑州：河南大学出版社，2014.

[14] 徐刚等.现代羽毛球专项竞赛体系与训练参赛机制 [M].北京：北京体育大学出版社，2016.

[15] 张洪宝.现代羽毛球竞技特征及创新训练 [J].南京体育学院学报（自

然科学版），2010，9（04）：49–52.

[16] 张俭．羽毛球竞技运动特点分析［J］．体育世界（学术版），2019
（06）：89–90.

[17] 郑超．羽毛球教程［M］．北京：北京交通大学出版社，2010.

[18] 夏云建．羽毛球基础技术教程［M］．武汉：华中科技大学出版社，
2019.

[19] 黎加林，袁磊，谷翔．羽毛球教学训练理论与方法［M］．哈尔滨：黑
龙江教育出版社，2007.

[20] 牛清梅．羽毛球理论与实训［M］．西安：西北工业大学出版社，2012.

[21] 姜琳．羽毛球的落点控制技术训练研究［J］．当代体育科技，2021，11
（16）：48–50.

[22] 彭伟民．羽毛球技术训练的落点控制法分析［J］．体育风尚，2018
（08）：83.

[23] 李勇．意念训练法在羽毛球技术训练中的实验研究［J］．苏州教育学院
学报，2005（04）：118–120.

[24] 南勇．羽毛球运动训练中运动员战术意识的培养研究［J］．体育风尚，
2021（09）：92–93.

[25] 寇世雄，徐秋．关于羽毛球单打拉吊突击战术训练方法的研究［J］．湖
北体育科技，2013，32（08）：749–751.

[26] 郑俊．羽毛球战术球路训练的一般内容与方法的分析［J］．当代体育科
技，2016，6（05）：42–43.

[27] 肖辉．青少年羽毛球运动初级选材研究［J］．青少年体育，2020（08）：
90–91.

[28] 何文龙．羽毛球运动员选材和训练基础［J］．农家参谋，2020（18）：
155.

[29] 李萍．我国羽毛球后备人才培养现状及对策研究［D］．陕西师范大学，
2015.

[30] 唐建倦．中国竞技体育后备人才培养激励机制研究［J］．北京体育大学
学报，2008（08）：1136–1138.

[31] 唐建倦．中国竞技体育后备人才培养保障机制发展研究［J］．南京体育
学院学报（社会科学版），2009，23（04）：123–125.

[32] 唐建倦．中国竞技体育后备人才培养动力机制研究［J］．体育与科学，
2009，30（06）：50–52.

[33] 刘萍萍．我国羽毛球竞技后备人才培养研究［M］．北京：北京体育大
学出版社，2017.

[34] 阳艺武.竞技体育后备人才培养可持续发展运行机制研究 [M].武汉：武汉大学出版社，2018.

[35] 马艳红."体教结合"竞技体育人才培养模式的探索 [M].北京：人民体育出版社，2020.

[36] 刘亚云.社会转型期中国竞技体育人才培养模式研究 [M].杭州：浙江大学出版社，2012.

[37] 高琦.羽毛球运动技能训练的科学化探索 [M].长春：吉林大学出版社，2015.

[38] 魏佳巍，范晓明，姜月波.高校羽毛球教学理论与专项运动技能训练 [M].吉林出版集团股份有限公司，2018.

[39] 王保成，王川.球类运动员体能训练理论与方法 [M].北京：北京体育大学出版社，2005.

[40] 冯守东.球类运动体能训练理论与实践 [M].北京：新华出版社，2014.

[41] 张志华.我国高校竞技体育后备人才培养的理论与实践研究 [M].北京：化学工业出版社，2014.

[42] 杨桦，李宗浩，池建.运动训练学导论 [M].北京：北京体育大学出版社，2007.

[43] 胡亦海.竞技运动训练理论与方法 [M].北京：人民体育出版社，2014.

[44] 郑伟.论竞技能力 [M].北京：中国科学技术出版社，2005.

[45] 夏萍.羽毛球运动员竞技能力非平衡结构的补偿形式 [J].辽宁师范大学学报（自然科学版），2009，32（03）：371-373.

[46] 程勇民.论羽毛球双打项目的制胜规律及男双竞技能力的核心 [J].山东体育学院学报，2006（01）：83-84+101.

[47] 李明芝，高淑艳，刘积德.乒乓球、羽毛球、网球 [M].北京：清华大学出版社，2015.

[48] 刘青.运动训练管理教程 [M].北京：人民体育出版社，2007.

[49] 杨光.羽毛球运动课程教学理论分析与实践研究 [M].北京：中国水利水电出版社，2017.

[50] 庄全，张丽萍.模拟比赛情景中羽毛球假动作战术训练 [J].赤峰学院学报（自然科学版），2019，35（10）：109-111.

[51] 邓艳芝，王晓东.数字化体能训练在羽毛球项目中的应用 [J].中国体育教练员，2020，28（03）：65-66+72.

[52] 刘鹏.悬吊训练在羽毛球体能训练教学中的应用 [J].田径，2021（03）：28-29.